UMA VIDA BELA

UMA VIDA BELA
Dez Mandamentos para uma vida melhor

Simon Parke

Tradução Caio Nehring

LAROUSSE

Título do original: The Beautiful life - Ten New Commandmentes Because Life Could Be Better
Originalmente publicado na Grã-Bretanha
Copyright © 2007 by Simon Parke
Copyright © 2009 by Larousse do Brasil

Todos os direitos reservados.

Nenhuma parte deste livro pode ser reproduzida sob quaisquer meios existentes sem autorização por escrito dos editores.

Edição brasileira

Diretor editorial	*Alexandre Faccioli*
Gerente editorial	*Solange Monaco*
Editor	*Isney Savoy*
Assistente editorial	*Soraya Leme*
Tradução	*Caio Nehring*
Preparação de texto	*Valentina Nunes*
Revisão	*Eugênia Pessotti*
Coordenação de Arte	*Thaís Ometto*
Capa e diagramação	*Città Estúdio*
Produção gráfica	*Maykow Rafaini*

Dados Internacionais de Catalogação na Publicação (CIP)
(Câmara Brasileira do Livro, SP, Brasil)

Parke, Simon
  Uma vida bela : dez mandamentos para uma vida melhor / Simon Parke; tradução Caio Nehring. -- São Paulo : Larousse do Brasil, 2009.

  Título original: The beautiful life
  ISBN 978-85-7635-482-6

  1. Auto-avaliação 2. Auto-realização (Psicologia) 3. Conduta de vida 4. Felicidade 5. Sucesso I. Título.

09-01993   CDD-158

Índices para catálogo sistemático:
1. Êxito e prosperidade : Psicologia aplicada
158

1ª edição brasileira: 2009
Direitos de edição em língua portuguesa, para o Brasil, adquiridos por
Larousse do Brasil Participações Ltda.

Av. Profa. Ida Kolb, 551 - 3º andar - São Paulo - SP - CEP 02518-000
Tel.: 55 11 3855-2290 / Fax: 55 11 3855-2280
E-mail: info@larousse.com.br
www.larousse.com.br

Agradecimentos

Agradeço a todos os meus professores, em cujos largos ombros me apoiei.

Do século XX, talvez eu deva mais a Maurice Nicol, a A.H.Almaas e a Jacob Needlenam. Um obrigado a todos vocês.

Agradeço também a meus dois editores na Bloomnsbury, Rosemary Davidson e Mike Jones, que fizeram as coisas mudarem, melhorarem e acontecerem; e a Mary Tomlinson, que é uma benção para qualquer texto.

Eu agradeço a Richard Addis, um anjo muito especial para mim. Gracioso e tolo o suficiente para acreditar, logo de saída, nesta possibilidade; ele arriscou-se voluntariamente e por conta própria. Sem ele, nada teria sido feito.

Para Shellie

Toda noite e todo dia, a porta do sombrio Plutão permanece totalmente aberta, mas retraçar seus passos e retornar à superfície – essa é a tarefa, esse é o trabalho.

A Profetisa, para Eneias, antes de sua horripilante descida ao submundo da pós-morte.

Sumário

Sugestão de leitura 12
Preliminares 14
PRIMEIRO PASSO..15
   O que é isso e o que isso não é 16
SEGUNDO PASSO 23
   Sobre o discernimento da verdade 24
TERCEIRO PASSO..35
   Sono, lei e um glossário 36
DEZ NOVOS MANDAMENTOS PARA A LONGA JORNADA
   DE VOLTA AO LAR...47
   1. Estar presente 48
   2. Observar-se...56
   3. Nada ser..71
   4. Fugir do apego..81
   5. Transcender o sofrimento................................91
   6. Descartar as ilusões..99
   7. Preparar-se para a verdade 108
   8. Cessar a separação 119
   9. Conhecer a própria alma................................129
   10. Não ter medo de nada 143
REPRISE 151

Sugestão de leitura

Quando um asterisco aparecer no texto deste livro, trata-se de um convite à pausa. É como se fosse a marca de um semifinal antes de outro início. Às vezes, você pode querer permanecer no final, antes de mover-se de volta ao recomeço.

Em geral, algo que termina não é tão excitante quanto aquilo que está começando. Mas para a vida, é tão necessário quanto.

Uma das razões por que a vida é tão infeliz diz respeito ao fato de que muitos de nós perdemos o hábito de refletir sobre o nosso dia – ou talvez nunca o tenhamos tido – ou mesmo o hábito de rever o dia por meio de nosso corpo.

Há uma razão para isso: falta de educação. Ninguém jamais achou isso importante o suficiente para sugerir que fizéssemos uma revisão do que aconteceu durante o nosso dia, tanto em relação àquilo que nos animou quanto àquilo que nos feriu, àquilo que nos elevou e àquilo que nos desanimou.

Esses detalhes de nosso dia dizem muito sobre nós, como somos e quem somos. Por termos sido pouco educados nesse aspecto, agora achamos difícil escutar tais recomendações.

Por essa razão, todo dia deixamos escapar a orientação de relembrarmo-nos de nossos sentimentos, minando, assim, a possibilidade de crescermos. Digo isso porque essa atitude nos diria tudo o que precisamos saber sobre nós mesmos. São as coisas simples e familiares que precisamos ver, embora elas estejam ocultas de nós mesmos – e de um modo esquisito.

Tememos a pausa. Por razões que só nós sabemos, preferimos a amnésia e isso é triste. Porque, ao deixarmos escapar a realidade presente, negamos um futuro para nós.

Mas as coisas não precisam ser assim. Podemos começar parando – parando nos asteriscos deste livro.

Preliminares

O principal objetivo deste livro é oferecer dez novos mandamentos – ou dez atitudes práticas –, úteis para o desenvolvimento de uma vida bela. Antes de tratarmos deles, porém, vamos aos três passos preliminares, pois, como bem sabem os pintores, tudo reside na preparação.

PRIMEIRO PASSO

O que é isso e o que isso não é

> *O ofício de todo autor de novelas é revelar a tristeza oculta nas coisas mais grandiosas, assim como a grandeza por trás das coisas mais tristes.*
>
> Thomas Hardy

Uma mulher teve um sonho. Ela sonhou que era fogo – uma chama flamejante, cheia de vida e de cor. Ela era uma mulher de fogo. E, então, contra a sua vontade, de repente ela descobre que uma espessa crosta de lava está se formando ao seu redor, abafando esse fogo. E assim ela começa a sufocar a vida que ela é.

No sonho, ela está fora de seu corpo flamejante, lutando para quebrar a crosta, para que o fogo, antes vívido e brilhante, continue a arder.

Mas ela luta em vão. Pois, à medida que seus braços começam a doer e ficar cansados, a crosta se torna mais grossa. E logo o fogo, sufocado, extingue-se.

*

Alguns dias depois, essa mulher começa a sofrer de esquizofrenia aguda, e seu sonho se torna realidade. Primeiro ela se sente dominada por uma crosta espessa. Depois se vê tentando defender-se contra a morte sufocante. E, finalmente, vê a si mesma sendo extinta, espiritual e mentalmente.

Hoje, alguns anos depois, ela ainda refere-se a si com uma cratera extinta, deitada meio-viva em um quarto sombrio.

*

Essa é a história de uma batalha travada no âmago de um ser humano, uma história de morto-vivos. É a experiência de uma terrível ruptura na psique humana, de uma identidade estilhaçada. A vítima conhece apenas a desolação e a solidão de alguém que está longe de onde gostaria de estar.

A crosta de lava pode estabelecer-se de maneira rotineira.

Às vezes, pode se tratar do papel que algumas pessoas desempenham em suas vidas, mas pode acontecer sem que se deem conta disso.

Um trompete que toca apenas canções militares poderia imaginar que é um instrumento militar, assim como alguém que dirigiu trens durante 20 anos pode imaginar-se um maquinista. Mas nenhuma dessas imagens é real. O trompete não é um instrumento militar e nem o cidadão em questão foi apenas um maquinista.

Seja lá o que façamos na vida, devemos fazê-lo com toda a nossa habilidade, pois todo trabalho é importante. Mas jamais podemos nos confundir com o nossa própria profissão. Se o fizermos, uma falsa definição de nós mesmos cristaliza-se dentro de nós e assim forma-se uma crosta. Tornamo-nos uma entidade separada de quem somos, desconectada. E quando nos desconectamos de quem somos, seja lá como isso aconteça, haverá uma longa jornada de volta ao lar. O que se segue é um exame dessa jornada – a jornada de volta a uma vida bela.

*

Este não é, porém, um livro de autoajuda. Livros de autoajuda normalmente dizem coisas razoáveis sobre sua condição, encorajando-lhe a fazer "barulho", estabelecer metas administráveis e garantir resultados imediatos com confiança.

Este não é o caso, pois não estamos nem interessados em coisas instantâneas, nem em resultados. Em si, não há nada de errado com algo instantâneo. O instantâneo pode ser bom. Mas como regra prática, se é instantâneo, provavelmente não é muito significativo. Roma não foi construída em um dia. Um transatlântico não pode fazer manobras bruscas. E o ser humano é maior e mais complexo do que tudo isso.

Também não há nada de errado com resultados. Resultados podem ser ótimos, mas nunca a razão para prosseguirmos. Em uma sociedade que venera o deus-dos-resultados-imediatos, sempre em exibição, resultados têm status de ícone. Porém buscá-los acima de todas as coisas é como andar em uma esteira mecânica desregulada, onde a ocorrência de contorções é evidente. Você é muito mais valioso do que tudo isso. Há coisas em que você pode trabalhar, mas nada que precise de esforço adicional.

Nada realmente valioso pode ser resumido em um alvo. Em vez disso, vamos contemplar apenas o que é simples e familiar, algo que, aliás, está em geral oculto, coberto por uma grossa capa invisível. Mas se levantarmos essa capa, veremos o quanto se revela. A procura é uma responsabilidade nossa, não o resultado. A jornada ao santuário é o próprio santuário.

Nesse meio tempo, os resultados podem cuidar de si.

*

Por essa razão, este não é um livro repleto de normas de procedimentos e conselhos. Tampouco é escrito com malícia. Eu simplesmente não sei o que você deve fazer. Nossas jornadas são diferentes. Que sugestão teria a dar, por exemplo, uma mulher que voa de asa delta sobre os Pirineus para um motorista preso no trânsito em direção ao centro de Bangcoc? São ambas jornadas, mas essa é a única similaridade entre elas. O seu caminho para a libertação vai ser sempre bem diferente do meu.

Existência não é branca nem preta
 Existência é a infinita variedade de caminhos interconectados.
 Sendo que o mundo é o lugar mais sortido que há.
 Enquanto viajantes, podemos percorrer apenas alguns poucos caminhos. E encontrar só uns poucos viajantes.
 Não há um lar. Mas para cada viajante, a jornada é única.

Não é de se admirar que os mestres do Oriente recusaram-se a escrever e falar, optando apenas por apontar. Palavras da boca de outros poderiam ser um insulto à unicidade de seus alunos. Afinal, era a jornada pessoal deles.

Mas o que têm as palavras dos professores a ver com a sua jornada?

*

Este também não é um livro acadêmico. O livro acadêmico tende a trabalhar o conceito de que o pensamento é tudo o que temos, assim, quando chegamos ao fim do pensamento, é como se tivéssemos dito tudo o que poderia ter sido dito de maneira sensata.

E eu responderia que não há um ser humano no mundo que não tenha vivido nesse território. Nossa vida intelectual é baseada em algo mais do que as associações casuais do passado, as quais, com o tempo, tornam-se mais ou menos previsíveis. Há poucos pensamentos realmente livres e nenhum conhecimento puro – apenas conhecimento interpretado.

Todos nós vivemos em um mundo de fantasia – a questão é saber qual fantasia é mais verdadeira do que outra.

Talvez devêssemos chamar este livro de livro espiritual, e lê-lo como tal. Um livro espiritual é aquele que se contenta em deixar seu final em aberto, sem querer convencer. Ler este livro será como observar a fumaça de uma vela que foi apagada há pouco, fluindo suavemente pelo ar antes de dissipar-se gradualmente. Não discutimos com a fumaça – nós meramente a contemplamos. Ela não exige nada de nós a não ser a atenção que damos a ela. A fumaça não prova qualquer coisa, mas sugere muitas outras. Não faz sentido – mas poderia tornar as coisas mais claras.

Dizer que se trata de um livro espiritual não significa sugerir que ele deva ser seu amigo. O objetivo de um livro espiritual é estimular a vida – não explicá-la. Um livro espiritual dificilmente contém paixão por *você* – embora seja menos cuidadoso com seus *sentimentos*. De fato, em certas ocasiões, um livro espiritual se parece menos com uma obra de autoajuda e mais com uma de "autodestruição". Por isso, durante a sua convivência com tal livro, ele provavelmente seria atirado com raiva no chão e depois largado em um canto até se deteriorar.

Ninguém pode apontar nada que você já não conheça. Sozinho, você é o alquimista da sua humanidade. O poder só lhe é dado para transformar o metal básico em ouro, para transformar energias básicas como o medo, a preocupação, a raiva, a decepção, o ódio e a desilusão em generosidade, franqueza, espontaneidade, bondade, coragem e consciência.

Esse é o caráter – e esta obra não seria um livro espiritual se não começasse pelo seu caráter.

*

Começamos com a história do sonho de uma mulher, porque ela contém um dos retratos mais apurados da raça humana. Separados de quem somos realmente, tornamo-nos estranhos não só para nós mesmos, mas para os outros e o mundo. Nessa situação desesperadora, nossa única segurança está na convicção de que estamos no controle. É a isso que nos agarramos.

Vivendo fora de nossa natureza real, deixamos de confiar na vida e assim tentamos *controlá-la*. Incapazes de confiar, precisamos manipular o caminho diante de nós.

Nas páginas a seguir, não vamos nos afastar muito da história da mulher de fogo excluída de si mesma. É uma história que anseia por redenção, por cura e pela busca da volta ao lar.

Talvez ela possa experimentar o retorno ao lar. Essas coisas não são impossíveis.

Se hoje um amigo fosse me indicar a direção
da verdade, para onde iria apontar?

SEGUNDO PASSO

Sobre o discernimento da verdade

Aviso aos catadores de cogumelos: "fiquem longe daqueles rodeados por moscas mortas".

Anon

Quando duas pessoas se encontram pela primeira vez, cada uma delas sente o outro de seu próprio jeito. Nas primeiras trocas, embora as opiniões sejam compartilhadas, não é a opinião do outro que elas buscam exatamente. A questão mais urgente é: quem são eles? Não são suas realizações que queremos descobrir, mas sua natureza.

Essas pessoas podem conversar sobre lojas de calçados, assuntos internacionais ou dálmatas, mas esses assuntos não são urgentes. Quando duas pessoas se encontram pela primeira vez, em algum lugar dentro de ambas surge a mesma pergunta silenciosa: do que consiste essa vida que eu acabei de encontrar? Vou gosta ou odiar? É uma vida bela ou deformada? Qual é a verdade dessa pessoa?

O propósito deste livro é considerar a verdade das pessoas e as reais possibilidades em seu interior. Aqui vamos refletir sobre atividades inúteis que causam danos, como também sobre atitudes práticas que educam.

*

De agora em diante, os conceitos de bom e mau serão sempre secundários aos conceitos de verdadeiro e falso. A jornada humana diz respeito a tornar-se verdadeiro, mais do que a tornar-se bom.

A verdade é elemento básico da bondade, porque, sem a verdade, a bondade poderia não perceber aquilo que é. Algumas vezes, a bondade encarada erroneamente é uma das coisas mais terríveis. Hitler acreditava que estava sendo bom para a Alemanha quando eliminava judeus, ciganos e homossexuais. Assim como muita gente também achava que ele era bom.

Por isso é mais importante ser verdadeiro do que bom.

*

Na busca pela verdade, vamos lançar mão de nossa visão interna. Não estamos preocupados com coisas externas, vistas e relatadas. Em vez disso, estamos interessados nas texturas internas com as quais tecemos nossa vida. Estamos mais interessados nas energias contidas em nós do que nas regras que nos são impostas.

As regras de outras pessoas são mera expressão de seus egos e não têm nada a ver conosco. O despertar dispensa regras, pois elas criam espontaneamente maneiras de se fazer exigências.

Somos seres humanos e não feitos humanos. O que somos deve sempre vir antes do que fazemos, pois o que somos define nosso mundo. Se formos negativos por dentro, teremos impressões negativas, como se respirássemos fumaça de escapamento.

Pense por um momento naqueles que deixam passar em branco 99 elogios, mas se ofendem ao escutar uma única pequena crítica.

Em seguida, considere alguém que canta mesmo quando está perdendo, entusiasmado com a excitação de quem vence: "estão perdendo, mas estão felizes".

Nossa vida real é feita de estados interiores, não de eventos externos. O modo como somos é o que define nosso mundo.

*

Esse tipo de verdade não é algo ensinado em nossas escolas. Discernir a verdade pode ser o maior desafio que enfrentamos na Terra, mas é algo que não está no currículo, nem é parte de nossa educação. Afinal, não é nem uma disciplina acadêmica, nem um treino vocacional. Então, qual é seu lugar?

Nos não aprendemos a verdade e tampouco os anos acumulados nos ensinam muito. A consequência disso é tão dolorosa para nós quanto para aqueles que dividem o planeta conosco.

Aprendemos muitas coisas na vida, isso é certo, e algumas delas são engenhosas e complexas. Mas são totalmente inúteis até sabermos o que significa sermos humanos.

Até este momento, somos o famoso touro na loja de porcelana chinesa: inadequados para o nosso entorno, alheios ao poder em nossas mãos e destruindo tudo o que tocamos.

A verdadeira educação implica desfazer, desfazermo-nos de todo o condicionamento que nos nega a beleza e a felicidade da vida.

*

O que vem a seguir é um ensinamento milenar e simples, embora não seja fácil. Ele está há séculos em muitos lugares, culturas e religiões.

Só uma coisa é exigida de nós – que desistamos de tudo que achamos que sabemos. Daí em diante, todo o suposto conhecimento não serve para nada. Uma vez que desistimos de tudo que imaginávamos saber, nosso progresso em direção à verdade torna-se muito mais libertador e a vida mais promissora.

Nan-in recebe um professor universitário que veio pesquisar o Zen. Nan-in serve o chá. Enche a xícara do professor, como faria um bom anfitrião. Mas ele continua a enchê-la até quase transbordar. O professor observa até não conseguir mais se conter.

"A xícara está totalmente cheia", diz. "Não cabe mais chá!"

"Como essa xícara", replica Nan-in, "você está cheio de suas especulações e opiniões. Como posso mostrar o Zen a você, se você não esvazia a sua xícara antes?"

*

Por isso, ao longo do caminho, pode ser necessário desaprendermos algumas coisas antigas, assim como remover velhos figurinos. Pode ser necessário desmantelar coisas sedimentadas, desembaraçar a mente, experimentar alguma perda de controle e abandonar alguns deveres. Podemos permitir-nos um pouco de loucura; podemos deixar que o coração seja banhado em lágrimas. Pode ser necessário renomear algumas falhas e rever todas as coisas.

Essas coisas são maravilhosas, já que não restam mais ovos no ninho do ano passado.

*

Quer a gente se permita a possibilidade da verdade ou não, essa é uma questão aberta. Para muitos, a verdade é algo que não vale mais a pena procurar. Muita gente se desiludiu e até ficou furiosa com ela e com essa conversa. A verdade é descartada como a história do momento, contada por aqueles que agora estão no poder.

Há solidez nessa desilusão. A história tende a ser escrita pelos vitoriosos e em seu próprio benefício, ao passo que o presente é dominado pela estupidez dos que usam suas convicções para dominar e controlar.

Qual, então, o preço da verdade?

*

Neste livro, a verdade refere-se à verdade psicológica das pessoas, que é inteiramente observável. O cenário para a verdade psicológica é o universo conectado, da causa e do efeito, no qual uma coisa leva a outra e onde as consequências têm origem.

Tomemos um exemplo bem simples: uma criança cuja mãe é depressiva vai lutar contra sua autoestima durante toda a vida. Essa será a consequência dessa origem fora do comum: o pouco estímulo que ela recebeu quando seu cérebro social estava se formando. Essa criança se acostumou com a falta de interesse pelo seu bem-estar, e não espera mais nada.

Ou, então, veja a criança que cresce não se permitindo sentir raiva de seus pais. A raiva que guarda dentro de si é identificada como inaceitável, e por isso, negada. Tais pessoas serão aquelas que sempre se sentirão culpadas. Irão direcionar essa raiva para si e experimentar sentimentos de culpa. O padrão de culpa é quase sempre resultado de raiva reprimida. Consequências psicológicas têm origens psicológicas.

A autenticidade da verdade psicológica é estabelecida pela observação do mundo, e, mais acentuadamente ainda, por meio da auto-observação.

Buda baseou todas as coisas sobre essa verdade. Mas não a grande verdade dos céus, imposta a nós pelo exterior, para ser aceita em confiança. Buda acreditava apenas na verdade que podia observar dentro de si mesmo. Com o tempo, tornou-se uma janela panorâmica para o mundo.

É essa verdade que consideramos aqui.

*

A história oculta de nossa infância nos submete a padrões totalmente previsíveis, pois vivemos em um universo onde os resultados têm origens. Não há nada de aleatório em nossa personalidade. Ela se forma em resposta à vida. Cada um vive sua história da melhor maneira possível.

E assim alguns são levados a sentir que precisam ter êxito a todo custo, levados a agir e a realizar. Porém, alguns ficam com um buraco negro interior por causa do abandono, achando que ninguém pode preenchê-los ou aceitá-los; alguns se fecham em uma torre emocional, observando cuidadosamente quem se aproxima; enquanto outros são teimosos em sua pouca autoestima, mergulhados em si, mas ansiosos por atenção.

Como observamos, alguns vivem despedaçados pela culpa, julgando a si e aos outros; outros buscam autoridade para esconderem-se atrás dela, desconfiados de si mesmos. Outros ainda são inquietos em sua busca por opções sempre renovadas, desesperadamente surfando cada onda de emoções. Alguns vivem a preocupação compulsiva pelo salvador, desejando serem necessários, enquanto outros enfrentam o mundo com uma agressividade absurda e são confrontados no lar. Esse efeito familiar tem suas origens.

A verdade psicológica é tão observável e esclarecedora quanto o sol nascendo a cada manhã. Quando nos preparamos para a verdade, fazemos isso pela verdade psicológica.

*

Certas coisas *mudaram* ao longo dos séculos.

Hoje imaginamos que nossos líderes não irão nos dizer a verdade – pois o poder não os encoraja a isso. Eles têm mais dinheiro do que nós e uma equipe bem maior – mas talvez não tenham mais sabedoria.

Somos uma geração cínica, que espera que apenas os desonestos e os vaidosos cheguem ao topo, certamente não esperamos que ninguém que diga a verdade chegue lá em cima. Também não somos persuadidos pelo apelo das massas. Alguns dos mais absurdos e apavorantes movimentos da história foram aplaudidos e adorados. Muitos ainda são.

Hitler era arrebatador e dominava as multidões. Como muitos líderes, ele era um comunicador extremamente bem-sucedido. Motivava multidões dotadas de pouca autoconfiança e de muitas histórias de vidas tristes, de modo a acreditarem que podiam ter êxito, acreditarem que faziam parte de algo grande e glorioso.

"Acredite na nova verdade e tudo será possível", dizia. E assim, juntos, líder e seguidores, caminharam confiantemente rumo ao abismo.

*

Lembro-me de um acontecimento-chave em minha educação. Foi quando li na parede do toalete: "coma merda: quatro milhões de moscas não podem estar erradas".

O profeta havia falado e essa foi a única lição que carreguei comigo até a idade adulta. Só porque todos imaginam que é assim, não significa que é assim mesmo, pois todos são estúpidos.

Não estava escrito com letras douradas em relevo, como o lema da escola no hall de entrada, mas rabiscada debilmente com caneta esferográfica, em um canto sombrio da parede.

Mas foi a esferográfica, e não o ouro, que continha a verdade.

*

Sucesso político. É por essa razão que a verdade não é uma credencial muito usada, pois as pessoas não votam pela verdade. Elas querem mentiras aceitáveis. Se você quer ter êxito, não diga a verdade.

Jesus, Sócrates e Buda tiveram mortes particularmente solitárias. Cada um deles era um "idiota", no senso estrito da palavra grega – "uma pessoa privativa, alguém que possuía algo". Eram autossuficientes, mas sós no mundo.

Uma grande maioria votou pela morte de Sócrates. Os seguidores de Buda esperavam em vão que ele morresse em outro lugar que não fosse Kusinara, a cidadezinha melancólica longe da civilização e posto avançado de paredes de barro, no meio da selva. Preferiam que sua passagem acontecesse em uma grande cidade. E havia apenas quatro pessoas aos pés da cruz quando Jesus morreu, uma delas era sua mãe.

Todo país, religião e organização tende a ter o líder que merece: o líder que se dirige a todos independentemente do nível social, por mais baixo que seja; alguém capaz de fazer sua vida sombria parecer iluminada. Criamos estruturas onde só os mentirosos e hipócritas têm sucesso. Preferimos os espertos aos sábios. E, então, nos divertimos expondo-os da maneira que sempre foram: gente como a gente.

Chamamos isso de sofisticação

*

Pessoas que dizem a verdade tendem a ser figuras públicas relutantes, já que não têm necessidade ou desejo de se exporem. A sabedoria não aprecia holofotes. Deseja apenas iluminar os outros.

Sócrates e Hipias de Elis ilustram bem esse ponto. Sócrates criticava severamente gente como Hípias, que descobrira que a "sabedoria" podia trazer fama e fortuna. Sócrates dizia que os sábios do início dos tempos não eram figuras públicas ricas. Eram "muito simples" para notar o valor do dinheiro.

Hipias não percebera a ironia de Sócrates e tomou isso como uma crítica aos antigos sábios. Hipias via tais sábios como pobres tolos, ingênuos, que não percebiam o truque. Não ele, que fez fortuna com a sabedoria.

Não fossem os escritos de Platão, Sócrates seria pouco conhecido hoje em dia. Era muito tímido para ser o centro das atenções, mas tornou-se lembrado para sempre. No entanto, Hipias de Elis, aquele que buscava a fama, foi esquecido.

*

Quer sejam os contadores de verdades figuras públicas ou não, como podemos reconhecê-los? Que características os identificam como autênticos? Se o cargo de "contador de verdades" fosse criado e entrevistas marcadas, quais seriam os requisitos para os candidatos?

Se eu fosse o responsável pela lista de requisitos para esse cargo imaginário e improvável, eu escreveria no alto da página as palavras "sofrimento", "julgamento", "saudade", "visão" e "contrassenso".

Sofrimento: gostaria de saber o que o candidato fez com seus sofrimentos. Identificou a presença da dor em seu passado e compreendeu a herança disso em sua vida? Ferimos as pessoas por meio de nosso sofrimento não reavaliado por nós. Não há tirano com uma infância feliz. Limpezas étnicas não surgem de experiências de alegria e confiança. Uma vez que o poder é dele, o tirano apenas recria em nível nacional os terrores de seu passado familiar. Isso é significativo, pois a maior parte das tiranias que suportamos é, em geral, rotineira. A mulher que volta para casa de mau humor e inferniza a vida de todos durante meia hora é apenas mais uma vítima de seu próprio sofrimento não analisado. Pode ser uma tirania em baixa escala, mas é desagradável demais. Os contadores de verdades precisarão ter sua tristeza pessoal protegida. Machucamos uns aos outros e falamos de um lugar de dores desconhecidas. A verdade não pode vir de um lugar como esse.

Julgamento: estaria interessado em saber se o indivíduo tem ou não tendência a julgar os outros. As pessoas se abrem na presença pacífica e otimista do candidato? Ou será que murcham sob sua crítica, seja ela declarada ou silenciosa? Alguém que vive uma vida bela cria situações belíssimas sem dizer uma palavra. Seu trabalho está realizado mesmo antes de ela abrir a boca. Inspira a virtude ao seu redor através de seu ser, e não de seu falar. Uma disposição para julgar, por outro lado, é característica de uma alma negativa e avariada, que inspira o medo, jamais a virtude. O contador de verdades estará ciente de sua própria imperfeição, ou, como coloca Jesus, consciente da "trave no próprio olho". Com um cisco em seu olho, você mal pode ver os outros, quanto mais julgá-los.

Saudade: o candidato bem-sucedido deveria deixar seus ouvintes saudosos. A melhor arte, filosofia ou religião está preocupada com um desejo incomum de voltar ao lar. É como se não nos sentíssemos em casa onde estamos, como se andássemos em uma casa vazia, abrindo uma porta aqui, batendo na parede ali, dando um grito ocasional, imaginando se esse é realmente o nosso lar e se é onde deveríamos estar – ou se trata apenas de um lugar temporário. Claro que nós suprimimos essa vontade, pois é dolorosa demais. Em vez disso, nos ocupamos em fazer. Fazemos o melhor do incompleto e rotulamos tudo o mais como "impossível de se obter". O contador de verdades, no entanto, trará essa dor na volta ao lar, para a superfície. Irá nos lembrar da figura original da chama, antes de ela ser apagada, pois não deseja construir nada de novo. Ele só quer ajudar-nos a recuperar aquilo que perdemos.

Visão: qual é a aparência dela? A verdadeira visão faz três coisas: vê as coisas como elas são, sua tristeza e grandeza; conecta uma pessoa a outra, tanto por curiosidade quanto por solidariedade; nasce da vontade pura, um rio interior caudaloso e sem poluição. A visão de quem diz a verdade vai surgir do seu ser. As pessoas só podem criar a sua volta o que elas próprias são.

Contrassenso: quem diz a verdade sabe que suas palavras são absurdas. Saberá que todas as palavras são uma escada em ruínas, uma vaidade da imperfeição. A verdade não pode ser explicada ou contada. Não pode existir enquanto fórmula – apenas notada de passagem e saudada com um sorriso. A verdade precisa revelar a si própria, manifestar-se por meios desobedientes e misteriosos. O contador de verdades não vai desejar algo construído sobre suas palavras, mas espera apenas que a vida floresça em seus espaços vazios.

Agora só precisamos esperar por algum candidato.

> *Hoje, colocarei um asterisco em meu dia. Vou fazer uma pausa nos momentos possíveis. Vou prestar atenção em como os comentários dos outros me fazem sentir, porque é raro ser totalmente neutro em relação a comentários sobre nós. Vou prestar atenção nas raízes de meus próprios comentários. Ouvirei não apenas o que falo, mas também a forma como digo. Não julgarei ninguém, nem a mim mesmo. Apenas contemplarei o evento, vou permitir que ele fale e seguir cada pétala dourada que se apresentar a meus ouvidos. E, então, buscarei a verdade.*

TERCEIRO PASSO

Sono, lei e um glossário

> *Chegará o tempo em que as pessoas irão enlouquecer, e quando encontrarem alguém que não seja louco, dirão: "você está completamente louco", só porque ele não é como elas são.*
>
> Abade Antonio do Egito, século IV

Se uma noite encontrássemos um sonâmbulo em nosso caminho, poderíamos tentar acordá-lo gentilmente ou, quem sabe, levá-lo de volta à cama, onde não mais correria perigo. Pode ser que ele tenha conseguido se virar muito bem até esse momento, mas essa é uma aventura perigosa e o melhor é levá-lo de volta à cama.

O que talvez não faremos, porém, é pedir conselhos a um sonâmbulo que, por acaso, pode ser o responsável pelo arsenal nuclear da nação, sejam conselhos sobre lei, religião, saúde ou educação. Nem iríamos insistir dizendo que ele é o único que pode resolver nossos problemas familiares, que pode nos orientar sobre o que fazer em relação à morte e ao sofrimento, ou mesmo dizer-lhe que queremos que mantenha sua coluna no jornal que lemos, ou ainda, que ele deveria se tornar primeiro-ministro. Afinal, ele está dormindo, inconsciente. O que pode ele saber sobre qualquer assunto?

Mesmo assim, a filosofia oriental diria que a descrição do sonâmbulo se aplica a todos nós do mundo ocidental. Ela sugere que vivemos todos fora da realidade, vislumbrando apenas um ínfimo aspecto dela, pois, na verdade, estamos adormecidos – para nós e para o mundo. Aparentamos consciência da mesma forma que o sonâmbulo aparenta vigilância. Mas nenhuma das duas condições é verdadeira.

E, assim, o responsável pelas armas nucleares está adormecido. Nossos orientadores religiosos, aqueles que mantêm as leis, nossa saúde e que nos educam também estão adormecidos. Aqueles que criam sua família e os que falam sobre morte e sofrimento também estão nas mesmas condições. O colunista de língua afiada, os dirigentes da nação, os que nos dizem para acordar: todos estão adormecidos. Estamos drogados pela ilusão, cegos para a realidade e assim ignoramos o que somos.

Somos os morto-vivos que fingem viver.

Há certa loucura nessa conversa, mas será que não há mesmo um único traço de algo deste diagnóstico com o qual não nos identificamos? Pelo bem e pelo mal, parecemos ser prisioneiros de uma existência que não é nossa, reagindo de modos que nem sempre compreendemos.

*

Então, quem ou o que nos criou? E se estamos aprisionados em uma visão artificial e elaborada, de onde virá uma visão nova e autêntica? Como pode algo finito como nós ver além das aparências, a fim de reparar o mal feito? Você poderia também pedir a uma rocha para pensar além das montanhas.

Mas ela conhece apenas a montanha, como poderia pensar além dela?

Esse é o problema. Para ver além de nossa mente, precisaríamos cortar nossa cabeça e tirar férias de nossa mente. Mesmo assim, quando as pessoas tiram férias de suas mentes, em geral são consideradas loucas.

Despertar não é um problema do pensamento, mas de força da vontade. Alguns são despertados pela angústia, outros pelo assombro. Porém, se não tivermos força de vontade, não vamos despertar. Seremos iguais aos que sempre pensam em largar o emprego, falam o tempo todo sobre isso, ameaçam fazê-lo e sonham com essa atitude, mas nunca o fazem. Essas pessoas simplesmente não o fazem porque não querem.

No final, terá sido nossa força de vontade – e não o pensamento – que terá moldado nossas vidas. Nosso pensamente entretém, mas só nossa força de vontade determina. E a história nos mostra que são muitos os que não têm vontade de despertar.

*

A história também demonstra a incapacidade das leis externas de mudar alguém ou resolver alguma coisa. Boas ideias e nobres convites notoriamente não funcionam. Em geral, conselhos morais para uma vida melhor são aplaudidos à distância, mas ignorados intimamente. Colocamos estátuas de nossos mentores espirituais nas prateleiras, suas fotos na parede e seus livros na cabeceira – e vivemos a vida do jeito que queremos viver. Ou mais precisamente, a vida que nossas compulsões nos levam a viver.

Não há muitas certezas na vida, a não ser talvez essa: as pessoas fazem o que bem entendem. Fazem o que querem fazer, e todos e tudo o mais, incluindo seus gurus pessoais, precisam se encaixar nesse projeto central ou nessa ação egocêntrica.

A maturidade consiste em adquirir uma vida mais espontânea, mais livre de exigências restringentes. Mas os vários comandos externos de "devo" e "preciso" não nos conduzem a uma vida assim.

*

O peso acumulado da evidência é tremendo. Belos ideais não penetram no coração humano vindos do exterior. Como poderia ser diferente? Simplesmente, não temos lugar dentro de nós para recebê-los e alimentá-los.

É como tentar lembrar uma frase em um idioma estrangeiro. Ainda não temos lugar para armazenar essa nova frase. Alguém poderia ordenar que eu fosse generoso com o meu dinheiro, e eu gostaria, mas sou muito sovina, e essa ordem não mudará jamais essa característica. Em vez disso, vou me sentir mal em ser sovina e de agora em diante tentarei fingir que não o sou.

Isso é o que acontece quando uma moral externa é imposta. Ela falha enquanto não se torna interna. Dizer ao ser humano o que fazer é como pedir às pedras para fluírem. As pedras só poderiam fluir se se tornassem líquidas. E assim acontece o mesmo com o ser humano. De nada vale alguém dizer a você o que fazer, pois você age de acordo com que é.

Leis externas dizem a você o que fazer.
Leis internas revelam como ser.
Aqui, estamos interessados na lei interna.

Não é de se admirar que Jesus tenha reduzido os Dez Mandamentos a dois. Só pedia a seus seguidores que amassem a Deus e ao próximo. É um retorno ousado e reanimador ao espírito por trás dos dez mandamentos originais. Mas que ainda fazem exigências ao confuso animal humano a experimentar breves explosões ocasionais de manifestação moral.

É o nosso ser que deve vir em primeiro lugar.

*

A seguir, algumas definições minhas de características-chave que encontramos na nossa bela jornada.

PERSONALIDADE

A personalidade é um dos domínios externos da nossa psicologia. Diz respeito a como as pessoas nos veem e como nos conhecemos a nós mesmos. Mas não é exatamente o que nós somos. Originalmente, "persona" significava "máscara".

Personalidade é o ajuste de nosso verdadeiro eu a algo menos verdadeiro. É inevitável na vida, mas não define o ser humano.

O desenvolvimento da personalidade é crucial para sobrevivermos nos primeiros anos de vida, mas na vida adulta nos limita. Não nos merece. Condenar nosso eu real a viver através de nossa personalidade é como fazer um estábulo de papelão para um magnífico cavalo de raça.

Se nossa personalidade nos define, somos definidos por uma mentira.

Somos vulneráveis ao nascer, abertos a tudo, confiamos nas pessoas e circunstâncias, fazemos reverência aos mistérios e absorvemos cada descoberta. Imaginamos que esse novo reino é como o maravilhoso ventre materno, só que melhor. Tão seguro quanto e mais excitante ainda. Mas não é assim. E o choque é selvagem. A confiança que aprendemos ainda no ventre de repente precisa ser desaprendida, à medida que os instintos animais de sobrevivência assumem o comando. Daí em diante, precisamos tomar conta do número um. E o número um somos nós.

E, então, nosso eu original, suave e receptivo, endurece e se torna resistente; a parte de nós que confiava é separada e se torna desconfiada; a parte aberta ao mundo fecha-se. Do sentir-se uno com todo o universo, tornamo-nos unos somente com nós mesmos. E começamos a nos definir externamente por meio de nosso corpo físico, e, internamente, pelos pensamentos e sentimentos que correm por nossa psique, como macacos gritando, de cipó em cipó pela floresta.

O resultado é o que chamamos de personalidade, algo que levamos cada vez mais a sério.

Veja uma criança que nunca é o centro das atenções e sente uma insuportável rejeição. Ela descobre que quando está adoentada recebe atenção e até mesmo é alvo da boa vontade das pessoas. Desse momento em diante, ficar doente vai se tornar parte importante de sua vida, na medida em que a busca por consolo avançará até a idade adulta. A disposição para a enfermidade torna-se parte da percepção que ela tem de si mesma. E, mesmo assim, trata-se de uma invenção, que não tem nada a ver com quem ela realmente é.

*

Nossa personalidade não é o que somos, nem o que fomos, nem o que ainda seremos. Essencialmente, somos de natureza aberta, absorvente, confiante, reverente e viemos ao mundo cheios de esperanças, isso tudo antes que as circunstâncias nos forçassem a uma mudança.

Éramos aquele fogo da história inicial, antes de endurecermos com a vida e sermos apagados.

Compreendemos por que isso aconteceu. Só que agora queremos voltar ao lar. Queremos arrebentar a crosta e reacender o fogo. Nossa personalidade se formou para nos proteger do terror da vida, mas agora se tornou o próprio terror.

Nossa personalidade é nossa própria autoimagem fingindo ser nós mesmos.

Somos parecidos com atores ensaiando uma peça. No início nos divertimos com nossos papéis. Mas, então, quando o tempo passa, gradualmente passamos a acreditar que somos nossa personagem. E isso é para valer. Assim, quem faz o papel de vilão crê que é realmente o vilão e quem faz a personagem divertida acredita que é divertido da mesma maneira. E o mesmo acontece com a personagem deprimida, o professor moralista, a mulher incompreendida, o aventureiro entusiasta, o velho sábio, o amigo prestativo, o líder furioso, o adolescente amedrontado e assim por diante.

Não é de se admirar que, às vezes, sentimo-nos sem substância, sem fundamentos. Vivemos em uma construção que deveria ter sido demolida há anos. A personalidade humana é apenas um hotel para se hospedar, não um lugar para se viver.

A personalidade humana, atrativa ou machucada, expansiva ou introvertida, determinada ou cautelosa, nada mais é do que uma convincente ilusão. E nessa proporção, podemos dizer que vivemos em um túmulo.

Para podermos voltar ao lar, teremos de ir além de nossa personalidade. Como foi escrito há muito tempo: "arranca-se a máscara, aparece o rosto verdadeiro".[1]

EGO

Imagine o ego como a figura que está sentada no trono de sua personalidade. Ele a governa como se governasse um reino, e assim como qualquer governante, não gosta que seu reino seja ameaçado.

Vivemos em um mundo carregado de raiva, medo e preocupações, além de uma impiedosa busca pela importância pessoal. Esse é o território do ego. Ego é a sistemática afirmação tanto de

---

[1] Lucrécio, *De Natura Rerum* 3.58 – A natureza das coisas, livro 3.

nossas reações emocionais, quanto de nossa fuga precipitada rumo à valorização individual. Ele apóia e aplaude as energias de sentimentos que circulam em nosso interior. Faz-nos acreditar que somos esses sentimentos, ou que "são eles o nosso verdadeiro eu".

Até que alguém tenha se livrado desse domínio, não existem possibilidades, pois não existem possibilidades na inverdade.

O ego, da maneira como é visto, não manifesta interesse pelo nosso bem-estar. Na verdade, ele tem um grande interesse pela nossa morte psicológica. Seu único interesse em manter alguém vivo é para mantê-lo vivo também, pois ele morre com nossa morte física. O ego não possui eternidade – só manipulação. Tudo o que sussurra em nossos ouvidos é mentira. Ele fará e sacrificará tudo para que possa sobreviver. Fará você julgar tudo, sentir-se furioso, entediado, frustrado, irritado, superior; fará o que for preciso, qualquer coisa para evitar que você desperte para a verdade.

Não vamos declarar guerra ao ego, pois a existência é uma só e todas as coisas estão conectadas. Declarar guerra ao ego é declarar guerra contra nós mesmos. Nada no universo está isolado.

Em vez disso, vamos nos contentar em simplesmente observar nosso ego, e compreendê-lo. Inseguro e amedrontado, continuará aparecendo sob diferentes formas, muito depois de acharmos que havia partido. E quando reaparecer, nós iremos simplesmente observá-lo de novo. Como qualquer criança travessa, dá menos trabalho quando é controlada e é mais sadia quando apoiada.

ESSÊNCIA

A essência é nossa mais profunda psicologia, distinta de nossa personalidade. Ela é nossa natureza essencial, nossa mais verdadeira identidade. As sete novas maravilhas do mundo são irrelevantes em comparação à experiência desse fenômeno. A tradição descreve essa natureza essencial, em nosso centro perfeito, como sendo mais radiante do que o sol, mais pura do que a neve e mais sutil do que o éter.

Ela é indestrutível, está disponível e corresponde ao seu mais verdadeiro eu. De agora em diante, quando falar de essência, estarei me referindo ao mais verdadeiro eu.

A essência é a verdade sobre você.
A personalidade é a inverdade dita a você e aos outros.
A essência verdadeira existe, independentemente de tempo e de lugar.
A inverdade da personalidade é moldada por necessidades infantis, expectativas culturais e pelas opiniões dos outros.
Nossa essência é um leão à espreita de toda poderosa possibilidade.
A personalidade é um abutre que se alimenta de restos.

ALMA

A alma vive e intermedeia a relação entre nossa personalidade e a essência. É nosso vasto campo operacional, criadora de nosso mundo individual. É o lugar interior que recebe impressões, mantém e determina responsabilidades. A alma humana pode ser maior do que o mundo e menor do que uma ervilha. Está sempre em mutação, respondendo à química e à física do momento, é crucial para nossa história. Nossa alma recebe seu caráter da relação que mantém com a personalidade e a essência.

*

Este livro é para todos aqueles que sentem que há uma jornada a ser realizada. Algo que deve ser explorado para além das aparências, para além de nossa vida mecânica de reações previsíveis.

Enquanto estivermos na jornada, algumas coisas não terão importância. Sua cor, credo, gênero, sexualidade, cultura, status social ou origem étnica não importarão mais do que o número de seu calçado ou de telefone. A única conjectura a ser feita é a de que você é humano, pois é sua beleza humana que procuramos explorar. Só humanos podem refletir sobre a natureza da máquina que abriga suas almas – e isso é tudo o que lhe solicitamos.

Não pedirei que você acredite em promessas. E tampouco para que acredite em seus sentimentos internos, a menos que levem você de volta às suas origens, no passado. Você não possuía os sentimentos que têm hoje quando nasceu. Sentimentos são pistas que nos levam ao tesouro, mas não são o tesouro em si. Você não aceitará qualquer coisa a título de confiança. Mas ocasionalmente pode arriscar-se, à medida que a jornada avançar. Tomé, o apóstolo desconfiado de Cristo, surpreendentemente arriscou-se a colocar sua mãos nas feridas do Cristo crucificado, a fim de testar uma teoria que achava difícil de acreditar.

*

Um homem passou toda a vida procurando pela verdade, e agora, que está velho, teme que jamais a encontre. Ele então ouviu falar de um sábio professor e decidiu ir ao seu encontro. Essa poderia ser sua última chance. Quando o sábio o vê aproximando-se, vai até ele cumprimentá-lo. "Deixe sua bagagem e seus seguidores na porta e entre", diz. O homem fica um pouco surpreso ao ouvir isso, já que não leva bagagens e nem dispõe de seguidores, mas entende o que o mestre diz. Assim, deixa suas bagagens e seguidores do lado de fora, entra e descobre a verdade.

Às vezes, para novas descobertas, temos de deixar tudo que achamos que sabemos do lado de fora, no exterior. Tudo.

Hoje, colocarei um espião na máquina de meu corpo. O espião me informará sobre atividades mecânicas de minha parte, ações e reações automáticas, sejam emocionais ou físicas. O espião irá registrar tudo o que é previsível, padrões repetidos de comportamento e tudo o que não for espontâneo. Das informações desse espião, esse outro eu, esse observador silencioso, montarei um dossiê revelando a pergunta para a questão: quem vive em quem? Eu vivo em minha máquina, ou ela é que vive em mim?

DEZ NOVOS MANDAMENTOS PARA A LONGA JORNADA DE VOLTA AO LAR

1
Estar presente

O ontem é uma enfermidade e o amanhã, uma doença.

Anon

Um homem perdeu seu cavalo durante uma noite em que o animal fugiu do cercado e desapareceu nas colinas. Os outros habitantes da vila viram o desastre que isso poderia ocasionar e compadeceram-se do homem. "Terrível a notícia sobre seu cavalo", disseram. "Podem ser más notícias, mas também podem ser boas notícias", disse o homem, permanecendo firme no presente.

Uma semana depois, o cavalo foragido retornou, com 20 cavalos selvagens! De repente, o homem tinha 21 cavalos! Os outros habitantes da vila ficaram empolgados com isso, vendo o que poderia significar. "Ótimas notícias sobre os cavalos!", disseram ao homem. "Podem ser boas notícias, mas também podem ser más notícias", disse o homem, permanecendo firme no presente.

Não demorou muito, o dono estava domando seus cavalos, mas um deles em especial jogou-o ao chão, quebrando sua perna.

Os aldeãos ficaram perturbados, pois sabiam bem o que isso poderia significar. "Mas que terrível a notícia sobre sua perna!". "Podem ser más notícias, mas também podem ser boas notícias", disse o homem, permanecendo firme no presente.

Duas semanas mais tarde, o país entrou em guerra e o recrutamento chegou ao vilarejo. Mas, como nosso cidadão estava com a perna quebrada, foi dispensado do alistamento. Os outros habitantes ficaram contentes com isso, vendo o que significava. "Mas que notícia maravilhosa, em segurança no lar e longe da guerra!", disseram.

"Podem ser boas notícias, mas também podem ser más notícias", disse o homem, permanecendo firme no presente.

*

O passado passou. O futuro não existe. O presente é refrescante. Tudo além do presente é ilusório, uma ótima razão para preferir não fazer parte dele. O passado é pão envelhecido. O futuro, nenhum pão. E o presente é pão fresco. Já sei qual escolher.

*

O convite para "estar presente" não parece desafiador a princípio. Afinal, onde mais poderíamos estar? Imaginar que poderíamos estar em qualquer outro lugar é uma piada absurda.

Mas não devemos nos enganar. Poucos de nós vivem no presente. Lembro-me muito bem de uma placa no portão de uma casa. "*Cuidado com o gato*". Meu amigo e eu rimos ao vê-la, divertindo-nos com a ideia de alguém ter medo de um gato. Até que encontramos com o gato. E paramos de rir, nos afastando com medo e entendo a mensagem da placa. Quando disse "*cuidado com o gato*", eles falavam sério.

Do mesmo modo, o primeiro mandamento é sério, já que estar presente é simplesmente uma das atitudes mais transformadoras do ser humano. O presente é a única vida real. Tudo mais é falso. Como já dissemos, o passado já passou e o futuro não existe.

Aqueles que podem apenas pensar no passado passarão sua vida de luto. Quem só pode pensar no ônibus enquanto o espera no ponto passará toda sua vida esperando...

O momento que você vive agora não é um intervalo antes do encontro. Ele é o encontro. Existe apenas o presente. Mas o presente não é simples.

*

Estar presente é um ato interno, como são todos os atos significativos. É o ato de estar presente no momento, em vez de estar presente em qualquer outro lugar.

Mas pelo fato de tão poucos de nós estarmos presentes, lutamos para ver as coisas como são. Estamos pessoalmente despedaçados entre o passado e o futuro, sem a capacidade de percebermos realmente as coisas. Somos uma diáspora, um povo antes unido e agora espalhado pelo mundo, com diferentes preocupações.

Estar presente corta obstáculos do passado assim como às futuras ansiedades, exatamente como faz uma lâmina que desliza pela seda. Permite que você se recomponha e sinta que tudo é perfeito.

*

Imagine perguntar a um porco o que ele fará no ano que vem. Talvez ele ficasse olhando para você sem entender, com cara de bobo. Isso aconteceria não porque ele não lhe entenderia, mas porque essa é uma pergunta muito estúpida. Pois o porco do ano que vem não existe. Há apenas o agora – a lama, o sol, a casca de batata e o fazendeiro coçando suas costas. E ainda assim, de algum modo e por alguma razão, sempre preferimos estar em outro lugar que não no presente. É como visitar uma tia impopular: sempre achamos desculpas para não visitá-la.

Escapamos para o passado ou para o futuro, aparentemente calmos e serenos com o fato de que nenhum dos dois existe.

O passado se aposentou, enquanto o futuro nem chegou ao estágio das ideias. E dada a sua inexistência, não vai ser surpresa entender que cada momento que passamos em um desses lugares é um desperdício total, desperdício que não podemos recuperar. É o mesmo que ganhar um milhão de euros em notas novinhas e jogá-las ao mar. É um grande presente jogado fora e o fim da única possibilidade ofertada.

Só existe o presente.

*

Há um velho ditado que diz que se você não agarrar sua chance, outra pessoa o fará. Não é só um velho ditado, mas tem algo de verdadeiro. E para alguns de nós, essa outra pessoa será o nosso passado. Nosso passado pode lançar uma sombra imensa em nossas vidas, além de nos negar muitas coisas. Algumas pessoas nunca se livram dessa sombra, permanecendo incapazes de viver no presente, e, portanto, incapazes de viver livres e espontaneamente no mundo. Isso é bem triste.

Para todos nós, em diferentes níveis, o passado é interiorizado no centro estrutural de nosso corpo, na maneira como pensamos, sentimos e nos movemos. Estamos tão absorvidos e absorvidos e absorvidos e agora tão oprimidos pelo peso de nossa história pessoal, muito dela, inclusive, não examinada e desconhecida, que não saberíamos onde acaba o passado e onde nós começamos.

Muitos nunca vão além da criança que existe dentro deles, pois ainda não pararam para perguntar qual a dor que essa criança um dia sentiu. Eles têm aparência de adultos, mas vivem como a sua criança oculta. Tivessem eles ousado perguntar-se qual era dor que essa criança sentia, muitas coisas acabariam se revelando claras, libertas e risonhas, sem medo algum. Mas eles temem a resposta, e, em especial, os sentimentos que essa resposta poderia trazer à tona. Não há crescimento sem sentimentos, não há crescimento sem o doloroso "descongelamento" do passado.

*

Todos nós temos um passado. Nosso passado foi predominantemente influente. Mas sejamos claros aqui: não somos nosso passado.

Ele pode ter-nos moldado, mas não nos define. Isso é apenas conversa do ego. E você vai lembrar-se aqui de nossa introdução, quando eu disse que o ego é um mentiroso compulsivo.

O seu ego quer você perdido em seu passado, pois seu passado é uma plataforma que ele pode percorrer remexendo emoções e reações falsas. No presente não existe essa plataforma.

Sua história fez seu trabalho, influenciando cada decisão que tomou. Você não suporta esse domínio que a sua história tem sobre você, mas é estranho que você não faça planos para sair desse domínio. A história fez de você um prisioneiro, mas você não tenta escapar. Há um medo sórdido dentro de você, de que se você deixar o passado para trás, você deixará de existir. Assim sendo, você perdeu seu tempo ali, seja por subserviência ou por provocação.

A única figura feliz nessa cena desesperadora é seu ego. Não importa realmente o que você fez em seu passado, contanto que você permaneça lá, permitindo que a memória defina cada um de seus movimentos. Como você permanece enraizado ali, sua falsa personalidade se sente sempre mais real e mais responsável por quem você é.

Mas só para irritar o ego, lembre-se: o passado nos fez, mas ele não nos define.

*

Outro refúgio que não existe é o futuro. Para alguns de nós, ele é mais convincente do que o passado. Somos aquelas pessoas que querem seguir em frente. O futuro é a terra das oportunidades e somos a favor delas. Queremos escapar e fazer ondas na imensidão azul. É por isso que nos tornamos planejadores. "É preciso viver o seu sonho", dizem.

Mas não é assim. Essa é mais uma conversa do ego. Viver um sonho é uma noção romântica, muito tola. Gera ótimos filmes, mas também uma vida terrível.

Deixe qualquer sonho que você alimenta tomar conta de si, mas sem o indevido estímulo. Em vez disso, continue na ocupação simples e exigente de viver o presente. O sonho que você tem pode muito bem ser-lhe dado. Em geral, isso acontece. E talvez de uma maneira melhor do que você jamais ousou imaginar. Mas se tem de acontecer e ser bom, ele virá à superfície em seu próprio tempo, enquanto você buscar a única boa coisa disponível – o reino interior, pois é ali que a realidade transforma-se.

Nenhum sonho, por si só, merece ser vivido. Havia uma mulher que vivera toda a sua vida na cidade, mas que sonhava viver no campo. A cidade era o lugar onde ela conhecia as pessoas, mas ela desejava estar em outro lugar, melhor, no campo. Nunca havia vivido no campo, mas sabia que ali era melhor do que o lugar onde ela se encontrava. Esse era o futuro dela, sem questionamentos, e ela vivia impaciente e infeliz enquanto esperava.

Finalmente, ela fez seu desejo tornar-se realidade. Um ano e meio depois, porém, ela voltou. Nada fora aquilo que ela imaginara.

Existe apenas o presente, mas o sonho não pode viver ali, um sinal bastante claro de que ele não pode existir por si só. Se os sonhos realmente se revelarem substanciosos, eles serão parte de algo mais amplo, mais grandioso e realmente merecedor de admiração. Serão mais do que o que você atualmente sonha. Mas vamos iniciar esse processo estando presentes.

A verdade é sempre prática. Por exemplo: quem é responsável por crianças precisa ser organizado, precisa agendar as férias antecipadamente. Sendo assim, nós fazemos tudo isso. Mas o fazemos com um sorriso distraído, como alguém que sabe que o futuro não existe aqui e agora, e, portanto, não pode ser planejado verdadeiramente. E então, voltamos ao presente tão logo possamos, o único lugar em que a realidade existe.

*

O seu ego irá lhe dizer que viver no presente não é prático. Mas é, e vale a pena ser assim. É como isolar o barulho de uma rua movimentada. O silêncio é ensurdecedor. Mas só nesse momento, você estará livre dos sentimentos que impingem casos emocionais em sua psique. Apenas nesse momento, a tirania mental se aquieta, pois você está no espaço entre pensamentos. Você está livre de problemas. Apenas agora, você não está em batalha interna e nem dispensado da luta. Mas está em paz no meio disso tudo, livre para apenas existir.

O seu eu mais verdadeiro responde a tal espaço da mesma forma que uma flor responde à luz do sol.

*

Não há presente maior para si do que estar no presente. Em um sentido, é a única dádiva que importa. Pois apenas no presente estamos conscientes, despertos para o momento atual, razão pela qual ontem é uma enfermidade e o amanhã uma doença.

Isso não significa que você não viveu seu passado. Seu passado é rico em significado. Mas é um trampolim, não um acompanhante. E também não significa que você não terá um futuro. O seu futuro é brilhante sem os seus planos, um mistério a ser descoberto, com muitas chegadas para desfrutarmos ao longo da viagem.

Uma chegada só tem valor se tivermos percorrido toda a jornada. Se não estivermos presentes na jornada, dificilmente estaremos presentes na chegada. Seria como cruzar a linha de chegada da maratona sem ter participado da corrida. Uma experiência totalmente vazia.

*

O porco parece saber dessas coisas.

O porco sabe que amanhã pode ser uma doença e ontem uma enfermidade. Então, deixamos que o porco nos ensine as coisas profundas da vida. Há o sol, as cascas de batata, a lama e o fazendeiro coçando as costas. E precisa algo mais?

*

> *Hoje, por um momento, vou parar com as minhas alucinações a respeito de ontem, amanhã ou mais tarde, e estarei presente para mim mesmo: presente no presente. Vou me permitir sentir o impacto do comum, que, na verdade, é mais profundo do que qualquer oceano, e mais eterno ainda que o sol. Minha vida pausada assim é a minha vida iniciada de forma incomum. Talvez eu procure fazer isso mais de uma vez ainda hoje.*

2
Observar-se

Os tolos rejeitam o que veem, mas não o que pensam. O sábio rejeita o que pensa, mas não o que vê... Observe as coisas como elas são e não preste atenção nas outras pessoas.

Huang-Po

Al Hallaj, o santo *sufi* da Pérsia do século X, foi condenado à morte porque ousou cantar sobre sua identidade com Deus. Sua pele foi lentamente retirada de seu corpo. Foi torturado e mutilado e, então, pendurado em uma cruz para esperar a morte. Seus pupilos observavam e aventuraram-se a chegar perto da cruz, para ouvir suas últimas palavras. O que ele diria? Estimularia os aprendizes à santidade? Clamaria por seu abandono, furiosamente, ou pediria perdão? Sua resposta foi uma surpresa. Esse homem, que os ensinara tanto a respeito de Deus, só tinha uma coisa a dizer: "observem-se".

*

O convite é para cada um observar a si mesmo. Trata-se de um convite para corrigir a visão interna, prestar atenção em como se é. Diz respeito a notar o simples e o familiar e chegar a um diagnóstico preciso.

Quando vou ao médico, não quero ser sufocado por preocupações solidárias, mas receber um diagnóstico preciso. Isso porque, sem um diagnóstico preciso, não pode haver cura. Se junto com esse diagnóstico o médico revelar-se um indivíduo solidário, serei eu um afortunado? Mas isso não é essencial. Quero a verdade, não chocolates, nem guloseimas.

Só um diagnóstico correto é essencial. O médico boa praça que nos dá um diagnóstico errado é como um pesadelo sorridente, exatamente como são todos aqueles que fazem diagnósticos errados sobre a alma humana. Eles nos causam danos e dores extremas.

O convite, por essa razão, é para observarmos a nós mesmos, vivermos com a atenção dividida. Você deve fazer o que precisa ser feito. Mas também preste atenção em si mesmo no ato de fazer o que precisa ser feito. Isso quer dizer que, às vezes, você deverá adotar uma postura das mais desprezíveis: será o seu próprio dedo-duro.

Essa observação do eu é importante, pois se você não o fizer... Quem o fará? Ninguém mais pode lhe observar, pois ninguém mais lhe conhece. E você vai ter tempo para fazer isso, pois não poderá observar nenhuma outra pessoa, da mesma maneira que ela não pode lhe observar. Observar outra pessoa não passa de mexerico mental e distração. Não preste atenção nos outros.

*

Observe-se, portanto, mas observe-se gentilmente. Deixe que toda a observação seja gentil e não exagere na qualidade da compaixão. Pois não estamos em guerra com nada do que somos.

Imagine se eu matasse alguém. Talvez eu devesse ocultar o corpo em um lago, à noite. Então, eu amarraria pedras no cadáver e o jogaria nas profundezas desse lago. O corpo afundaria e em seguida a água voltaria a ficar calma. À medida que o tempo passasse, eu começaria a acreditar que escapei impunemente.

Mas 20 anos mais tarde, quando um dia eu estivesse andando às margens do lago com meu filho, ele me dirá algo como: "que lago maravilhoso". Aparentemente eu concordaria. Mas por dentro, eu estaria morrendo, porque só eu saberia quem repousava para sempre no fundo daquele lago.

Morremos interiormente com tudo aquilo que não pode ser trazido à superfície. É por isso que sugiro a auto-observação gentil em vez do olhar impiedoso.

Veja o caso de um homem tentando treinar um grupo de jovens soldados, que não se saem muito bem. Estão todos ali naquele mesmo lugar e ainda assim o treinador parece não se importar. Ele não grita. Ele não é coercivo. Não há violência em sua abordagem ao grupo de cadetes estabanados. Se eles se tornarem obedientes, é uma escolha dos próprios cadetes.

Compare essa figura a de outra pessoa que lida com os mesmos jovens recrutas. Essa pessoa grita, intimida até machucar, usando o medo para criar obediência. Se os cadetes se tornarem obedientes é porque apanharam até obedecer.

Um é gentil, o outro é rude. Vamos permitir apenas ao gentil permanecer em nosso interior.

*

Observe-se, mas observe-se gentilmente. Essa é a maneira mais inteligente, pois permite que a honestidade preceda qualquer tentativa de se mostrar puro. É algo que tanto a religião quanto a sociedade moralista sempre acharam difícil acontecer.

Nesses cenários, a pureza tem precedência sobre a honestidade. Um clima de pretensão é criado. Nessas sociedades, as pessoas sentem necessidade de serem consideradas boas. Quando sentimos a necessidade de sermos vistos pelos outros como pessoas boas, como uma criança amedrontada, vamos então fingir para agradar.

Fingir mata mais gente do que o câncer.

Não estamos, no entanto, interessados em tais absurdos. Em vez disso, insistimos na honestidade sobre a pureza, sem nenhum sentido de autocrítica. Você precisa fazer um pacto consigo mesmo para não se julgar enquanto se observa. Você precisa dar a si mesmo aprovação incondicional – mesmo que ninguém jamais tenha feito isso por você.

Ninguém é capaz de colocar a própria cabeça sobre o parapeito de uma janela se imagina que irá levar um tiro. Em vez disso, sabiamente, as pessoas permanecem escondidas até que haja segurança. Da mesma forma, não espere que as suas partes rejeitadas, raivosas e estranhas se exponham. Mas se, na primeira tentativa de se mostrarem, você recriminá-las, pare por aí.

Nossos segredos e evasões precisam de nossa tolerância para submergir livremente, pois são nossos mestres. Muito mais do que nosso suposto sucesso.

Tome como exemplo a balconista que se enfurece quando não pode fazer o intervalo que quer. Acontece todos os dias, mas por um tempo ela nem nota. Mas quando nota, percebe quanto ainda tenta controlar seu dia, forçando-o a entrar em uma forma moldada.

Ela percebeu o simples e familiar – que seu desejo diário de controlar o dia a faz infeliz. Não é muito agradável de ver, mas ela permitiu que ele viesse à tona e fosse seu professor. Ela está no caminho da felicidade.

Se não permitirmos que as coisas venham à tona, elas permanecerão enterradas junto à raiva e a tudo que é julgado e rejeitado.

E com o tempo a vingança de tudo isso será terrível.

*

Isso não é uma chamada para confessar qualquer coisa para qualquer um. Isso pode ser uma possibilidade futura, se for considerada benéfica. Acima de tudo, a pressão da confissão é contraprodutiva, pois gera um clima de medo e seletividade no enfrentamento dos assuntos. Muitas confissões são uma ladainha de coisas que não precisam ser ditas, para que não se diga o que é preciso. Até que você queira que sejam, o conteúdo da sua alma é só da sua conta. Necessária é a observação sem julgamento e temor. A mais pura e mais simples das flores – a lótus da iluminação – floresce no mais improvável dos locais: na lama insalubre dos pântanos das terras baixas. O pântano se torna a lótus. A lama se torna bela. Nossa infelicidade se torna nossa mestra. A existência é uma.

*

A essa altura, nosso ego manhoso estará preocupado e pode muito bem se tornar ridículo. Talvez, por exemplo, ridicularize a auto-observação por ser obsessiva.

Nada podia estar mais longe da verdade. O auto-obsessivo jamais ousara observar a si próprio. Imagine o que ele poderia descobrir! Auto-observação é o oposto da autoveneração. É a mais ameaçadora das atitudes, um convite doloroso ao desmanche de nossa estimada autoimagem. Ou, talvez, o ego banque o cavaleiro da moral e sugira que mudar o mundo é bem mais útil do que observar-se.

Mas se você quer mudar o mundo, então observar-se é o lugar por onde começar. Não precisa fazer mais nada. Se você quiser dar um basta à insanidade do mundo, faça uma pausa e reflita sobre a única insanidade sobre a qual você tem controle – a sua própria. Observe-se, e, à medida que seus olhos se acostumarem com a escuridão, você começará a ver.

Por exemplo, você poderia notar como manipula as outras pessoas. Você é o gato se esfregando suavemente na perna do dono, atrás de uma amizade calculada.

Você poderia ver o seu medo. Esse é o medo que lhe impede de agir ou lhe impele à agressão absurda e ao ódio.

Você também poderia ver como julga o próximo. A condenação despersonaliza as pessoas, endiabrando-as, libertando você para todas as atrocidades contra o próximo, seja mental, emocional ou física; seja pessoal, local ou internacional.

Manipulação, medo, controle e julgamento – isso é o que você veria, enquanto seus olhos se acostumam com o escuro. Como poderia ser diferente? Esse é o modo normal das relações humanas e animais.

*

Isso explica por que, após inúmeras revoluções, só mais uma coisa é necessária: uma revolução mais detalhada. Não há sistema de governo que possa melhorar o lote de vidas não-analisadas. As vidas não-analisadas estão adormecidas para tudo. Tais vidas em geral sabem o que *não* querem, mas não sabem o que *querem*. E, então, gritam com paixão e energia, "Reforme o sistema!", mas nunca conseguem *aprimorar* o sistema. Apenas o substituem por algo que apresenta defeito.

Isso porque eles são o problema. Às vezes os supermercados trocam as embalagens das saladas. Isso lhes dá um impacto visual de frescor. Mas eles não trocam a salada. O conteúdo é o mesmo: diferente é só a embalagem. Da mesma maneira, nós, às vezes, trocamos o governo.

Revoluções podem executar um rei. Mas não podem executar uma transformação.

Mas não estamos aqui preocupados com revoluções políticas. Ao contrário, estamos interessados em uma revolução mais significativa de auto-observação. Uma vez que reconhecemos e dizemos olá à manipulação, ao medo, ao controle e ao julgamento, podemos começar a dizer adeus a tudo isso. Iniciada a observação, começa a mudança. Quando estivermos conscientes, já vencemos meia batalha.

*

O ambiente de trabalho nem sempre é um ambiente feliz. As hostilidades antigas sempre existem. As pessoas chegam ao trabalho sabendo de quem gostam e não gostam. Uma dissociação toma o lugar vagarosamente, é a separação do bem e do mal. Vamos mostrar caridade para aqueles que consideramos bons e dar pouco espaço para os que etiquetamos como maus.

No entanto, a auto-observação logo expõe essas rusgas e questiona o baixo nível de felicidade que experimentamos quando agimos desse modo. Como o dia de trabalho seria diferente se nos recusássemos a esquecer nossa humanidade e iniciássemos o dia passando uma esponja em tudo, para recomeçar com boa vontade!

Se os oceanos podem limpar todas as praias duas vezes ao dia, então podemos fazer a mesma coisa uma vez ao dia, removendo o passado.

*

Portanto, não tente mudar o mundo. Em vez disso, comece a observar-se. Será um tempo mais bem empregado. Aqueles que estão adormecidos podem mudar muitas coisas, mas não melhorar nada.

O mundo não é o problema. Descobriremos mais tarde, o mundo é perfeito. O problema são os reformistas, os ativistas que querem melhorar as coisas externas. Eles não estão em casa – mas insistem em levar a todos de volta para casa. É por isso que as coisas continuam iguais. Soluções externas impostas não são soluções. Trazem mudança – mas não transformação. Você não pode operar transformações além do seu grau de transformação interna.

Para o povo, mudar o mundo é menos ameaçador do que escutar-se.

E menos necessário. Nas mãos deles, quanto mais as coisas mudam, mais permanecem as mesmas.

*

Não estamos qualificados a julgar ninguém. Nem a nós mesmos.

Depois de passar uma noite em um hotel, desci para o café da manhã, onde notei uma hóspede que pedia sua refeição. Ela queria torradas com tomate, sem manteiga, fazendo questão de ressaltar seu pedido para a garçonete. "Nada de manteiga!", dizia à desafortunada garçonete. E eu a julguei. Em minha opinião, ela deveria ser mais uma hóspede difícil, embora não soubesse a sorte que tinha.

Nos meus dois primeiros dias naquele hotel, tomei o café da manhã completo. Mas no terceiro dia, notando que engodara, optei por uma opção mais saudável: torradas com tomate. Quando as torradas chegaram, porém, elas eram tudo, menos saudáveis: estavam empapadas de manteiga. Eu até poderia comê-las, mas iria me lembrar delas no dia seguinte.

Quando as pedi no outro dia de manhã, logo alertei a garçonete sobre o excesso de manteiga nas torradas, que não tinha nada a ver com uma escolha saudável. "Nada de manteiga!", disse à pobre garçonete.

Percebi, em seguida, que o novo hóspede da mesa ao lado me julgou por causa disso, enquanto pedia o café da manhã completo.

A auto-observação nos faz perceber que não estamos qualificados para julgar ninguém, nem a nós mesmos. Essa é uma experiência libertadora.

*

As pessoas tendem a julgar os outros por sua própria consciência, algo que, aliás, é incentivado. "Escute sua consciência", dizem todos. Mas isso não é tão simples assim, pois não temos uma consciência, mas duas e muito diferentes entre si. São gêmeas – a verdadeira consciência e a consciência aprendida. Elas têm vozes bem diferentes.

A consciência é um lugar atemporal, universal e cheio de luz, de onde podemos fazer uma avaliação clara, justa, decidida e atual. Essa verdadeira consciência é uma existência clara e concisa dentro de nós; muitos já podem tê-la experimentado. No entanto, estamos muito mais familiarizados com sua irmã gêmea, a consciência aprendida.

Consciência aprendida é composta de normas e procedimentos que absorvemos ao longo dos anos. É um local de luz difusa, um sortimento não-verificado de códigos e mensagens, um pacote de suposições não-examinadas, repassadas a nós no passado, algo que hoje admitimos como verdadeiro.

A consciência aprendida é um juiz ávido em todos os assuntos, embora não seja confiável. Suas decisões são aleatórias, nunca questionadas. Acatando tais decisões, somos como aqueles que começam uma volta ao mundo em um carro de segunda mão, sobre o qual nada sabemos. Se soubéssemos de sua história, não sonharíamos em confiar nele durante a viagem.

Às vezes, as pessoas fazem o prólogo de seus julgamentos, dizendo: "com toda a consciência". Mas a pergunta é: de qual consciência estão falando, da verdadeira ou da aprendida?

*

A consciência aprendida é o júri do inferno. Em seu poder, nos tornamos um grupo de vozes disparatadas, colhidas no nosso passado. Cada voz tem seu próprio plano, gritando e fazendo pose, sem um supervisor para buscar um consenso ou questionar a direção geral. A unidade de propósito moral que carinhosamente imaginamos personificar é uma ilusão.

É como escreveu um psicanalista: "todos são testemunhas não apenas de um eu falso, mas de um número de fragmentos parcialmente elaborados daquilo que poderia constituir uma personalidade, isso se houvesse domínio total". Parece melhor, por essa razão, chamar o conjunto desses elementos de sistema do eu falso ou de falsos 'eu'.[2]

Nosso falso eu é complexo e compõe nossa consciência aprendida. Mas existe um lugar diferente dentro de nós – um lugar de clareza e espontaneidade, presente apenas na bondade e na precisão. Essa é nossa verdadeira consciência, e ela pode emergir se ousarmos ser curiosos quanto às origem do nosso eu.

*

Nossa consciência aprendida recebe considerável ajuda de nossa memória, da área onde há armazenamento de estímulos e registros (os *buffers*), os quais trabalham incessantemente para manter nosso senso de integridade e unidade. É tarefa dessa área proteger-nos das contradições internas, as quais não queremos enfrentar.

Foram esses *buffers* psicológicos que ajudaram Stálin a voltar ao lar para uma agradável xícara de chá com sua filha, após ordenar o assassinato de dez outras filhas naquele dia. São também os responsáveis por permitir que John se sentisse muito bem em doar um euro ao Projeto Crianças da África – após gastar mil euros em equipamentos de som para sua casa. Graças aos

---

2 R. D. Laing.

buffers, John acha que o mundo seria muito melhor se houvesse mais gente generosa como ele. Stálin dormiu bem naquela noite, e John também, cortesia de seus *buffers* psicológicos.

Os *buffers* são um truque psicológico hábil, pois asseguram que não vislumbremos de verdade a natureza do caos dentro de nós. Eles nos permitem acreditar no que quisermos a respeito de nós mesmos. Quando a professora titular, por exemplo, age contra seu subordinado, por ciúmes, chama isso de "desenvolvimento do grupo de trabalho", algo justificado. São os *buffers* que a convencem disso.

É claro que todo motorista tem razão. Poderíamos até nos sentir desconfortáveis por um momento na direção, logo após dobrarmos à esquerda sem acionarmos a seta, deixando o motorista detrás furioso. Poderíamos até nos sentir envergonhados por um breve instante, em um momento de percepção real. Mas o momento passa, nossa certeza é rapidamente restabelecida, as dúvidas se dispersam e nossa ilusão de integridade pessoal viverá mais um dia. "O carro estava quase colado na gente!"

*

Os *buffers* não são tão maus assim. Ninguém é totalmente mau.

Essa área de registro da memória evita que nosso trem mental descarrilhe, causando caos e destruição. Se todas as nossas contradições entrassem em uma sala ao mesmo tempo, se toda insanidade, malícia e ignorância explodisse de uma só vez sobre nós, não sobreviveríamos. Seríamos desintegrados. Os *buffers* nos poupam disso.

Se eles fossem removidos, enxergaríamos tudo e essa visão nos faria chorar demais e pedir ajuda aos céus. Mas com esses bloqueadores no lugar certo, não precisamos nos preocupar, pois em nossa mente somos as pessoas mais razoáveis do planeta. Somos a voz clara da razão, em um mundo cada vez mais louco.

Os *buffers* são importantes para a sobrevivência, mas inimigos do crescimento, já que nos negam a verdadeira consciência.

*

Em sua hora de almoço, Tom às vezes senta em um banco da praça, ao lado da fonte. Ali ele come seu sanduíche e observa os eventos e as pessoas que passam. Ele não interfere. E não julga nada nem ninguém. Está contente em apenas observar.

E é desse jeito que somos convidados a nos observar.

Inicialmente, vamos observar nossa personalidade. Nosso verdadeiro eu é revelado mais vagarosamente. Por isso, as observações iniciais podem não ser lisonjeiras. Talvez vejamos poucas coisas belas em nós, na medida em que permitimos levantar a cortina que oculta o que é simples e familiar.

Mas a exemplo de Tom, sentado no banco ao lado da fonte, nós não nos envolvemos. Apenas observamos. Não nos culpamos, nem nos exoneramos. Apenas prestamos atenção.

*

Imagine uma prisão. Imagine um prisioneiro encarcerado há muitos anos. Após todos esses anos, ele começa a delirar. Acredita que o prédio da prisão é tudo que existe. E que não há outro mundo para além dos muros. Pergunta-se até mesmo se não nasceu na prisão. Certamente, não consegue lembrar-se de mais nada. A prisão e ele são uma coisa só. Quem é ele? É um prisioneiro. Imagina que todo mundo seja um prisioneiro, já que não consegue imaginar outro mundo. As coisas são assim.

Mas agora, a cada passo trôpego enquanto foge – porque ele está fazendo isso?! –, a cada quilômetro percorrido nessa desconcertante nova liberdade, ele sente algo novo. A cada item do uniforme de prisioneiro descartado, ele está deixando de ser um prisioneiro.

No que ele estava se tornando ele não sabia, mas pelo menos agora sabe o que não é mais: ele não é um prisioneiro. Quando olha para trás, a prisão parece um lugar tão pequeno... Como pôde permitir que esse fosse o seu mundo por tanto tempo? Decide aumentar a distância entre ele e a prisão.

Como diz o ditado, seria melhor um demônio já conhecido? De maneira nenhuma.

*

Nossa identificação com a prisão de nossa personalidade nos leva a uma vida de tediosa repetição, tão maçante quanto uma piada contada três vezes seguidas. Pode parecer que nossa vida muda, mas nossas interações não.

Por essa razão, o famoso monge abandonou um mosteiro atrás do outro, pois não se dava bem com as pessoas que ali viviam. No final, teve de admitir que o único denominador comum nessa repetida infelicidade era ele. E, mesmo assim, durante todo o tempo, quando fazia uma retrospectiva de sua vida, imaginava que sempre fora livre; e se você perguntasse se ele era um prisioneiro de si mesmo, ele teria achado isso ridículo.

Vivemos naquilo que muitas vezes é chamado de "mundo livre". Talvez por isso mesmo existam nele poucas pessoas verdadeiramente livres.

*

Ouço as pessoas me dizerem que hoje estão desanimadas porque o dia está nublado, porque tiveram uma terrível jornada de trabalho ou porque não são lembrados por ninguém há muito tempo. Isso é o que me dizem e é uma triste história humana.

No entanto, essa tristeza é totalmente produzida por essas mesmas pessoas. Elas são como aqueles que decidem caminhar sobre gelo fino e se desesperam quando afundam. Não significa que o sol, a realização profissional ou os amigos não possam lhes dar prazer. Podem e muito. Trata-se simplesmente do fato de que isso tudo não nos torna a pessoa que somos. Por que então deveríamos ficar tristes?

Recebemos a mensagem mental de que o dia está nublado e isso se transforma em depressão. Recebemos a mensagem mental de um dia ruim no trabalho e isso se transforma em autopiedade. Recebemos a mensagem mental da nossa decepção com amigos e isso se transforma em ressentimento.

Recebemos milhares de mensagens mentais todos os dias. Nosso erro é transformá-las em emoções. Essas coisas não são a base para nosso estado de espírito. A vida vivida sob a escravidão de estados de espírito sem sentido, um após o outro, é uma máquina de reações automáticas e sinal de como estamos longe do lar.

*

O seu dia está indo bem. Você está animado com todos. E, então, tudo vai por água abaixo quando um amigo lhe desdenha. Intencionalmente ou não, ele lhe magoou e isso logo se cristaliza em algo pesado e corrosivo em seu interior.

É por essa razão que necessitamos de um observador interno. O observador interno vê o estado de espírito e questiona-o. O observador interno compreende as origens da pesada cristalização, mas também percebe o custo destrutivo do eu. Isso é optar pela infelicidade.

O observador interno nos questiona apenas para que um dia possamos viajar mais livremente pelo mundo.

*

Assim, o segundo mandamento é observar-se, para dividir sua atenção entre o que você precisa fazer e o ato de fazê-lo. Mas você precisa fazê-lo gentilmente – a exemplo de Tom sentado ao lado do chafariz da praça, durante seu horário de almoço, observando o mundo passar.

Hoje vou declarar anistia a todas as minhas suposições, tudo o que acho que sei a respeito do que devo ou não fazer, e do que os outros devem fazer ou não. Será um dia de completa e absoluta liberdade. E mesmo quando eu entrar na fila com minha bolsa carregada, o medo do que poderia descobrir é abrandado pelas risadas alegres e satisfeitas das pessoas à minha frente.

3
Nada ser

"No começo, nada existe."

Hui Neng

Quando ficamos boquiabertos com a imensidão noturna do céu, geralmente perguntamos: "as estrelas não estão uma maravilha esta noite?"

Mas como a maioria das observações normais, não percebemos o sentido exato. E o ponto é o espaço. As estrelas não seriam nada sem esse maravilhoso espaço escuro em que vivem, onde se movimentam e passam sua existência.

As coisas brilham apenas no contexto do nada.

*

Gostamos da presença da cor, do gosto, de ideias ou dos amigos. Sexo é presença. Arte é presença. Esporte é presença. E presença enche nosso mundo de um modo brilhante, excitante e tranquilizador. É difícil imaginar algo mais importante do que a presença.

Mas a ausência é muito mais importante do que ela, pois a ausência é o berço onde repousa a presença.

*

Uma mulher andava pela casa da qual estava se mudando. Todas as suas coisas já haviam sido levadas. Seu carro a aguardava lá fora, ela podia partir a qualquer momento. A mobília se fora, não havia mais qualquer traço dela.

As cortinas, os tapetes, as camas, os sofás, o fogão, as cadeiras, os DVDs, as escovas de dentes, os criados-mudos, os objetos de decoração, as almofadas e mesmo o gato da sorte: tudo já havia sido retirado, restando apenas um eco esquisito.

Olhando para esse espaço, era como se ela nunca estivesse estado ali. Tudo o que havia construído, criado, usando e vivido naquele local se fora. Sua mente era uma tela de cinema para tudo o que acontecera ali – eventos, experiências, pessoas e emoções. As crises, a felicidade, as lutas, a solidão e as risadas. Era como estar em um palco depois de terminado o show, quando todos saíram da sala. Tantas coisas vivenciadas!

Podia escutar esses momentos, tanto quanto vê-los ou senti-los. Durante anos, sua porta se abrira a um pequeno mundo que ela criara. Ali ela retornava todos os dias, girava a chave, abria a porta e lá estava o espaço tão impregnado dela, do que era e das coisas que valorizava.

Mas nunca mais seria assim. Agora aquele mundo estava guardado, encaixotado e se fora. Por que ela não ia embora? Por que prolongava a despedida? Por que simplesmente não acabava com aquilo, fechava os olhos, o coração, saía, fechava a porta atrás de si e partia de uma vez?

Ela não conseguia. Tinha de ficar. Tinha de enfrentar o vazio e reconhecer o vazio. Precisava deixar-se sentir o espaço vazio, agora livre da desordem, esse espaço escasso que silenciosamente contivera tantas coisas, o espaço que realmente nunca notara, até aquele momento.

A presença das coisas ela *notara*. A ausência de tudo não. Se fosse honesta, diria que temia o espaço. Por essa razão, todos os cantos e espaços haviam sido preenchidos. Mas agora, difícil de explicar, cada um dos aposentos era uma graciosa e sagrada ausência, na qual a presença se instalara temporariamente. A presença jamais permanece para sempre. Mas a ausência sempre estivera ali. "No começo, nada existe." Sim. Ela abraçou em seu coração esse maravilhoso nada, que criara e abrigara. Respirou-o, admirou-o, moveu-se assombrada por ele, andando delicadamente de quarto em quarto, vendo e sentindo cada um deles pela primeira vez. A ausência era sua amiga. Tivera medo dela durante meses, mas descobrira que não havia nada a temer. A ausência fora sua amiga todos esses anos. Nunca mais ela iria temer a tela vazia de um e-mail ou o telefone mudo.

Agora era hora de partir. Pegou a bolsa e as chaves pela última vez, no umbral da lareira, agora livre de todas as bugigangas, e abriu a porta para seu novo mundo. Tinha uma vida a viver.

A não-existência precede a existência, o vácuo precede a plenitude. Essa mulher havia pensado que seu lar se fora, mas descobrira que estava longe disso, pois a essência de sua casa era a ausência. Antes da presença, ausência. Antes dos móveis, o vazio. Só o vazio permanecera. Com o tempo, ele iria criar-se novamente.

*

Não há expectativa tão apurada quanto a criada pelo vazio, e nenhuma possibilidade tão pura quanto a de um quadro-negro limpo.

O prato vazio aguarda comida, o copo espera ficar cheio. Em seu vácuo, são milagres esperando para se realizarem. Portanto, é estranho que tenhamos medo do vazio.

O ponto inicial para cada maravilha é a ausência, a plataforma de lançamento das possibilidades é em geral o vazio, exatamente de onde algo novo surgirá. O nada é a fundação da vida, porque é pré-existente, enquanto alguma coisa não o é. Alguma coisa é como o novo rapaz no vilarejo: fascinante, mas só de passagem.

Quando perdemos isso, entramos em pânico. O vazio se torna o inimigo, e o nada se torna algo a temer. Pense em uma adolescente que precisa escrever todo dia em seu diário, caso contrário entra em pânico. Pense no rapaz que gosta de sua parede cheia de posters e cartazes e teme qualquer brecha entre eles. Quando admitimos a plenitude como algo normal, tornamo-nos medrosos e ansiosos quando não a experimentamos. O algo é então visto como mais importante do que o nada, porque uma coisa é algo colorido e que nos distrai.

A ausência não é novidade. Mas apenas a ausência cria um evento. O compositor que desejou que todo dia fosse Natal não compreendeu que o Natal é o Natal, porque a maior parte do tempo não é.

Sem a ausência, não há presença; sem a escuridão, não existem estrelas cintilantes.

*

Preenchemos nossos dias com atividades. Ligamos o rádio enquanto preparamos as torradas. Sentimo-nos estranhos no silêncio.

A ideia de nada estar acontecendo é tão apavorante que as pessoas fazem qualquer coisa para certificar-se de que isso não seja assim. Ligarão a tevê, terão um filho ou assumirão trabalho extra – tudo o que possa manter o telefone tocando, os momentos ocupados e o silêncio trancado em um cofre.

Parece que qualquer coisa é melhor do que o nada.

*

É trabalho do ego criar o medo da ausência. A ausência não oferece nada ao ego para ser manipulado. O ego pode trabalhar com qualquer coisa. Mas é impotente diante do nada.

No entanto, o contrário é verdade para nossa essência, nosso eu verdadeiro. Para nosso eu real, a ausência é o amanhecer da aventura.

Algumas vezes, temos dias muito ruins, quando tudo o que esperamos não acontece. Ou coisas que tememos acontecem. Sentimo-nos demolidos, chorosos e sem esperança. Não há nada de bom em nós. Sentimos o vazio dentro de nós.

A genialidade assume diversas formas. Mas o genial é permitir o vazio, uma atitude habilidosa. O vazio é a varanda de nosso verdadeiro eu, a qual permanece intocada dia a dia. Nossa personalidade é distraída, mas nosso verdadeiro eu tem uma vida tão plena que permanece intocado pelas decepções que perturbam nossos caminhos.

O vazio nos conduzirá até o fim deles, se permitirmos.

Antes da presença, ausência. Antes do ego, o não-ego.

*

Imagine largar de vez o exercício da esteira. Você vem praticando há muito tempo, mas de repente decide parar. E agora está atravessando o gramado em direção ao penhasco, para saltar em um vazio deslumbrante. Após muita atividade exaustiva e sem sentido – você deseja se atirar no estranho domínio do vazio. Você ousaria?

O ego corre atrás de você, dizendo-lhe para não ser tão estúpido, que você está louco. Diz que você irá se matar se saltar. Diz que não há nada ali. Pergunta: "Como você pode desejar o nada quando a esteira funciona tão bem?"

O que você diz? O que você faz?

*

"Não pense, veja!", dizia um eminente filósofo[3]. Pensar pode ser engenhoso, mas só ver é verdadeiro. A verdade existe além das cansativas construções mentais, além do pensamento.

---

3 Ludwig Wittgenstein.

É possível, principalmente no Ocidente, que sejamos um pouco lentos para questionar nossas mentes, se é que chegamos a questioná-las. Talvez tenhamos imaginado que sejam totalmente razoáveis, que sejam guias mais do que sensatos para nossa jornada pela vida. Questionar o modo como pensamos seria como questionar o inquestionável e pensar o impensável. Por acaso o flamingo questiona sua perna funcional? Não, a menos que queira levar um tombo ridículo. Da mesma forma, não questionamos nossa mente. "A mente humana é uma maravilha", todos dizem. "Se qualquer coisa pode nos levar a novos lugares, então a mente certamente também nos levará!"

Mas não é assim. É nossa mente que nos separa do nosso verdadeiro eu.

Nossas mentes são realmente ferramentas notáveis, sua inteligência técnica é incrível e uma dádiva. Mas a mente precisa saber de seu lugar. Ela é a ferramenta – não o artesão. Uma ferramenta é uma ferramenta – algo para ser usado por outra pessoa, não algo que possa utilizar-se de si mesma. Quando a ferramenta acha que é o artesão, temos um problema.

E esse é o estado de nossa mente no presente. Não estamos nos utilizando dela: ela está nos usando.

Longe de ser um caminho para uma nova vida, nossa mente é um beco sem saída, que meramente nos leva a todas as direções, retornando ao mesmo ponto de partida. Ela não tem acesso ao território além de nossa personalidade – e como poderia?

Como pudemos esperar que ela fizesse isso? Ela não pode nos levar aonde jamais esteve, porque nosso pensamento é história.

O pensamento é uma resposta de nosso passado. É emprestada das influências não examinadas de outros, experiência há muito esquecidas e lentamente programadas por eventos que se repetem. Nossos pensamentos são conservados em história. Como poderia essa criatura tão aprisionada nos indicar a liberdade?

*

Isso é o que às vezes é chamado de Caminho Negativo – a estrada do silêncio e do vazio. É uma estrada mais interessada em coisas que "não são" do que em coisas que aparentemente "são". É o caminho que não teme qualquer coisa, pois sabe que todo o bem vem dele. E é o caminho que, ao contrário do pensamento, realmente nos conduz ao território além da mente, o caminho que cruza os instransponíveis cânions da alienação interior.

Talvez nosso maior medo, quando enfrentamos tal caminho, é o de que nossa existência possa cessar. Se eu dou as boas-vindas à ausência, se me contento em estar vazio e estar cada vez menos sob o domínio do pensamento – então, quem serei?

Não há razão para pânico. Nada jamais se perdeu na busca da verdade. Como poderia alguém tão essencialmente autêntico quanto você ser rebaixado por ter se comprometido com a realidade?

Você não deixará de existir, porque você não pode parar de existir. Sua essência interior é eterna e indestrutível. Um monte de absurdos mentais, com os quais que você erradamente se identificou, poderia parar de existir. Mas de qualquer modo, esses absurdos mentais não têm absolutamente nada a ver com você. Não definem quem você é – em verdade, eles separam você de quem você é. Como você pode cessar a sua existência quando o seu melhor eu, a sua essência, é encontrado pela primeira vez?

Enquanto deixamos o velho ir embora, o futuro irá serenamente preencher o espaço vazio criado. É nesse espaço entre nossos pensamentos que nós começamos a crescer. É nesse espaço entre nossos pensamentos que descobrimos o que é estar acordado, consciente. E assim, longe de vermos tudo menos claramente, nós descobrimos que, ao ultrapassarmos nossa estrutura mental emprestada, criamos espaço.

Como disse um místico do século XIV: "àquele que nada sabe, tudo é revelado".[4]

Mas na tela branca de nosso interior, podemos discernir as claras e distintas silhuetas em movimento. Isso é ver. Mas não pensar. As complexidades paralisantes de nossas mentes ocupadas resumem-se não em forma de perguntas, mas de consciência. O louco pêndulo de extremos começa a posicionar-se no centro, onde tudo está contido. Agora estamos olhando através e dentro de tudo, o que é o oposto de olharmos *para* as coisas. Isso não corresponde ao antigo pensamento amarrado à história, mas a uma nova atenção, à possibilidade de novas experiências claramente percebidas e livres de nossa ordem banal e saturada do dia.

É isso que é *ser*. É isso que é estar *em silêncio*, libertos do palavreado oco de nossos pensamentos. É isso que é estar vazio – aberto à possibilidade da verdadeira aventura. É isso que é estar esvaziado – um profundo espaço vazio de luz e beleza indescritíveis. Ser ou não ser? Essa é a questão diária.

*

Talvez tenhamos de remover totalmente a nossa armadura para desfrutar da experiência – a armadura da nossa incessante atividade mental e emocional. Sentimos que essas coisas são essenciais para mantermos afastadas as sensações de esvaziamento. Imaginamos que se removermos essa armadura, algo terrível nos acontecerá. Mas nem todas as armaduras são boas, como Davi descobriu ao derrubar o gigante Golias. Sendo mais jovem e consideravelmente menor do que seu oponente, Davi usava uma armadura guarnecida por seu exército. Disseram-lhe que iria precisar dela, que era absolutamente essencial em uma situ-

---

4 Mestre Echardo.

ação como aquela. Afinal, eram mais velhos do que ele e sabiam das coisas. Só um tolo daria um passo adiante sem vestir uma armadura.

Mas Davi sabia que ia ter de tirar essa armadura: ele não conseguia se mover com ela. E foi assim que enfrentou Golias, não se curvando ao peso de uma armadura que não era sua – ele a deixara em sua tenda, junto com aquilo que ele sabia.

Aquela não era uma competição. Ou melhor, era – mas bem curta.

*

Certa vez trabalhei em um centro comunitário onde a Rainha esteve visitando-nos. Foi um dia pleno de presença, cheio de cores, multidão e excitação. Flashes brilhavam, repórteres de tevê circulavam e a multidão aclamava.

Mas quando faço uma retrospectiva daquele dia, eu realmente não me lembro de quase nada, embora tenha sido ótimo. O que me lembro bem é de estar sentado sozinho ali, de manhã bem cedo, ponderando sobre o vazio que estava perto de criar sobre aquele espaço tão cheio de potencial. Levou alguns anos antes de eu perceber que a verdade de um edifício esperando pela Rainha era também uma verdade minha.

E aqui estou eu aprendendo a começar com a ausência, aprendendo que o nada governa. Mas o nada pode ser feito de muito.

> *Hoje, eu vou ser espaço. Meu interior será um grande corredor vazio, no qual as pessoas podem vir, se quiserem. Podem percorrê-lo, mas não podem ficar. Não tenho nada a oferecer-lhes a não ser espaço. E nada a adicionar a não ser espaço.*

É como se, de repente, eu não soubesse nada, e mesmo assim não precisasse saber nada. A vastidão do vazio tem sua própria autoridade.

4
Fugir do apego

"A maioria das pessoas está enclausurada em seu corpo mortal como caracóis em suas conchas, cobertas por suas obsessões como um porco-espinho."

Clemente de Alexandria

Os pais sentam-se para assistir uma peça na escola. Seu filho ou filha estará atuando e eles mesmos se encarregaram de providenciar o figurino. Estão sentados na plateia e assistem à peça. Estão ansiosos pela entrada de sua criança. A peça avança e nenhum sinal dela. Começam a ficar irritados com os outros atores-mirins, que, para eles, portam-se como porquinhos no palco. Eles querem que sua criança brilhe.

Estão inquietos, não prestam atenção em quase nada. Certamente, não notaram a criança chorando, pois se atrasou e perdeu a sua fala. Eles queriam olhar apenas para o próprio filho e o figurino que costuraram! Os pais virtuosos identificam-se com seus filhos. O que poderia ser mais natural? Mas tal ligação pode não ser sábia. As ligações nos tornam cegos. A identificação coloca cor em nossas percepções. Tornamo-nos pessoas cegas quando nada notamos e nada aproveitamos e, então, somos apenas joguetes de nosso ego.

*

Eu me beneficiei por ter tido muitos professores espirituais, de diferentes cores de pele, de variadas línguas e comidas bem distintas. Mesmo assim, todos me disseram a mesma coisa: "pare de fazer o que você está fazendo. E o bem crescerá".

"É só isso?", pergunto internamente, imaginando que sejam apenas as palavras iniciais do muito que ainda ouvirei.

"Não, é isso", dizem. "Pare de fazer o que você está fazendo. E o bem crescerá."

Mas o que eu estou fazendo?

Surpreendentemente, essa não é uma pergunta comum. Alguém que não vejo há muito tempo poderia perguntar o que estou fazendo hoje. Ou um policial poderia perguntar o que estou fazendo com fósforos em uma mão e um galão de gasolina na outra, em pleno galpão de meu ex-chefe, à meia-noite. Essas coisas são questionadas.

Mas os professores espirituais procuram um modo mais profundo de fazer isso. Por que nos apegamos às coisas? Fazemos isso incansavelmente. E esse apego nos cega.

Identificamo-nos com nossa mãe. Identificamo-nos com nossa religião, com nosso parceiro. Identificamo-nos com nosso ateísmo, com nossa autoimagem, com nossos filhos. Identificamo-nos com nosso sexo, nosso trabalho, cultura, temperamentos, país, passado, sentimentos e com nosso time de futebol. Optamos por focar nossa paixão, identificando-nos de acordo e consignando todo o resto do mundo para o inferno.

Tome como exemplo o chefe do escritório, que diz a todos, logo no início do dia, para pisarem com cuidado a sua volta, porque hoje ele está de mau humor. Esse chefe está apegado ao seu humor como se fosse algo real.

Enquanto isso, o terrorista não escuta os gritos porque se identifica com sua causa, ao passo que a enfermeira é rude com todos, porque está sem parceiro no momento e acha que por essa razão é infeliz.

Quando nos apegamos, cessamos de sermos abertos e generosos em relação à criação, optando por uma inveja cega. O apego nos coloca lutando em um canto do ringue – em vez de nos fazer amar o mundo.

Meu time é tudo! Eu amo o meu time! Todos os outros times são um lixo! Eu os odeio! Sou estúpido. Sou normal. Encaixo-me perfeitamente no jeito que as coisas são.

*

Também seremos muito cuidadosos com o apego que temos com a palavra "amor", pois a palavra perdeu seu significado. Sua origem é muito boa. A franqueza com relação a todos é a nascente de onde o amor antigamente fluía. Mas tornou-se poluída pelo ego e ele foi cortado de sua fonte. Por ter reconhecido a todos como seres iguais, abençoando-lhes sem favorecer ninguém, o amor tornou-se uma emoção de alta voltagem, algo possessivo e ciumento, e, por essa razão, a poucos passos do ódio.

A franqueza tornou-se uma emoção localizada e controladora chamada "amor". Amor é hoje um sinal taquigráfico para algo intocado pela maravilha.

*

Vamos pensar naquela mãe que amava tanto seu filho, que queria que ele fosse o melhor em tudo. Dia após dia, ela deixava bem claro. "Você precisa ser o primeiro. É para seu próprio bem, para que seja respeitado e se respeite, pelo seu futuro também."

Infelizmente, naquela classe, todas as mães amavam seus filhos da mesma maneira. E todos os dias deixavam isso mais do que claro para cada um deles. "Você precisa ser o primeiro. É para seu próprio bem, para que seja respeitado e se respeite, pelo seu futuro também."

Infelizmente, nem todos podem ser os primeiros. E assim, é difícil para as crianças realizarem a meta desse tipo de "amor". Crescem incapazes de lidar com o fracasso, pois, para elas, o amor sempre esteve ligado ao sucesso.

O convite aqui é para amar todas as coisas – mas fugindo do apego, porque assim machucamos as pessoas. Todo tipo de maldade é possível por aqueles que se identificam de tal modo. Apegar-se é reduzir as possibilidades e os alvos.

*

Há tantas coisas com as quais não deveríamos nos identificar, que é difícil saber por onde começar.

Somos constantemente tentados a nos identificar com o conhecimento, mas o conhecimento por si só não é significativo, a menos que seja transformador. Nunca houve uma geração mais bem informada neste planeta – ou uma menos transformada. As misteriosas energias que transformam o ódio, a ganância e o delírio em compaixão, generosidade e consciência não se encontram para saber mais coisas, mas, sim, para compreendê-las mais.

Vamos também ser mais cautelosos em nos identificar com a palavra "Deus" e nos apegarmos à causa de Deus. Acreditar em uma divindade que selará a sagrada aprovação de nosso próprio eu, às vezes pode arraigar dentro de nós um pernicioso egoísmo autoprejudicial, um egoísmo que não pode evitar de se achar correto.

Todas as pessoas destrutivas acordam todos os dias de manhã achando que estão certas.

Se você tem certeza de que está certo, você está errado.

Os iluminados se voltam para a religião não para ganhar alguma coisa, mas para perder algo. Não procuram religião para abonar, mas para desmantelar. Procuram-na para serem levados à confusão que conduz à verdadeira claridade. Pare de fazer o que você está fazendo – e o bem crescerá. Isso porque a maior parte do crescimento espiritual tem a ver com desmantelamento, não com aquisição. Assim como acontece com os impedimentos psíquicos, a descoberta é isso: a alma humana naturalmente nos levará para o lar de nosso verdadeiro eu.

*

Já nos avisaram para evitar identificarmo-nos com nosso passado, pois embora tenha sido formador, ele não possui mais poder. A não ser que lhe concedamos esse poder. O passado nos formou, mas não nos define. Como disse um professor: "quero perguntar-lhe: podeis olhar hoje a ti mesmo sem os olhos do passado? Onde não há passado, há felicidade no presente momento"[5].

Não iremos nos identificar com nossas emoções, aquelas que nos deixam estúpidos e incapazes de enxergar as coisas como são realmente. Diante do branco da não-identificação, todas as coisas são claramente percebidas. Mas as cores intensas da emoção maculam o branco. O presente é branco, ele segura todas as cores.

Quando nos identificamos com as emoções, as cores se tornam guardiãs de si mesmas, todas misturadas e borradas, como aquarela sob a chuva.

*

Não vamos nos identificar com nossas emoções negativas, o que será difícil, já que somos muito afeiçoados a elas. Elas são nosso

---

5 Jiddu Krishnamurti.

primeiro amor. Apreciamos não gostar de certas pessoas e temos imenso prazer em encontrar alguém que não goste delas da mesma maneiras que nós. Compramos jornais que compartilham de nossas aversões.

Ainda assim, não é o nosso eu real que possui essas aversões. É seu passado não-examinado. Essa turbulência em você não vem de um lugar interno e autêntico, portanto, você não tem de se identificar com essas emoções. Você tem o direito de não ser negativo.

Nós nos identificamos com emoções negativas mais do que podemos imaginar. A lista é imensa. Suspeita, vaidade, ressentimento, autojustificativa, medo, raiva e julgamento, todas elas nos aprisionam em sua atraente rede. Porém, nenhuma delas existia quando nascemos. O que nos leva a uma pergunta significativa: de onde elas vieram?

Com o tempo, adquirimos todas sem perceber, além de absorver atitudes a nossa volta. Essas emoções negativas são camadas ilusórias de compreensão impostas em nós por outras pessoas, não tem nada a ver com o que somos. Você tem o direito de não ser negativo. Tem o direito de reclamar seus direitos natos.

*

Há uma inteligência sombria na negatividade.

Aqueles que vivem em estado negativo sabem muito bem como ferir as pessoas. Instintivamente, sabem onde está a vulnerabilidade do próximo. E vão machucar você com seus ataques. Há muitas formas de genialidade, mas genial é não se identificar com os ataques.

A negatividade dos outros pode atingir-nos com uma força quase física. Mas em vez de dolorosamente levar o golpe no peito, torne-se um redemoinho de vapor através do qual tudo passa. Recuse-se a se identificar com isso, deixe-o passar através de você sem nenhum sinal de ressentimento interior. Pessoas que fazem tais coisas estão adormecidas. Não sabem o que estão fazendo. Da mesma forma que nem você nem eu sabemos o que estamos fazendo. Recuse-se a se identificar tanto com a negatividade alheia quanto com a sua própria negatividade.

Alguém já disse com sabedoria que, enquanto nós nos unirmos a alguém dentro de um estado negativo, não podemos conhecê-lo de verdade.

Não podemos conhecer alguém em um estado de raiva, amargura, inveja ou ressentimento.

*

Às vezes, imaginamos que, se não nos identificamos com pessoas e assuntos da maneira tradicional, não seremos parte do mundo. Assim seremos apáticos como um peixe nadando com indiferença à beira de uma vida cheia de dor, desapaixonada e, principalmente, inútil.

Mas isso é só imaginação do ego, que é um mentiroso. Esses pensamentos têm uma energia sarcástica, falsa. Até podemos entender o desespero do ego, mas não temos de aplaudi-lo.

A verdade, como sempre, está em outro lugar. Livrando-nos da identificação, integramo-nos plenamente com o mundo, não por causa do que fazemos, mas por causa do que somos. Quando começamos a nos esvaziar desses condicionamentos, uma nova realidade cresce interiormente, ela é gradualmente derramada sobre as circunstâncias que nos cercam.

É um prazer ver uma criança brincando em um parquinho, livre de apegos. Ela olha pasma para a água corrente do chafariz, maravilhada com a espuma que se forma. Isso atrai toda a sua atenção. Até que uma pomba pousa por ali. Ela então sai em direção dessa maravilha coberta de penas e a segue como se dançasse em volta do chafariz, batendo palmas. Quando a pomba voa e a deixa só, ela olha na direção do pai sentado no banco da praça. Tranquilizada por sua presença, ela nota uma grande semente no chão. E senta-se calmamente ao lado dela, investigando essa nova maravilha.

Uma vez livre do desapego, vemos o mundo com olhos de criança, onde tudo é novo e nada é igual. Vivenciamos um conhecimento direto das coisas como elas são – livres da manipulação pegajosa de nossa agenda caduca.

Incorporamos a franqueza e dispensamos nossos marcadores favoritos. Nós estamos abertos a tudo e abençoamos tudo. Envolvidos, cheios de paixão e até agonizantes, mas não nos identificando com nada. Nem mesmo com a morte.

Ame todas as coisas – mas não apegue-se a nada.

*

É importante contradizermos a nós mesmos, porque quando encaixotamos a verdade, é preciso quebrar a caixa e reconhecermos nossa estupidez. A partir daí, dizemos algo absolutamente verdadeiro, até que não seja mais. Por isso, não se apegue a nada. Apegue-se apenas à sua essência.

*

Enfrentamos um problema quando contemplamos nossa essência. Estados alterados de existência não são bem descritos por palavras. Um jornalista perguntou à bailarina Pavlova qual o significava de sua dança. "Se eu pudesse explicá-la... Eu não teria dançado", replicou. As pessoas pintam quadros, compõe música e esculpem a pedra porque as palavras são inadequadas para a expressão de verdades mais profundas.

Que chances as palavras têm de descrever nossa essência?

No entanto, temos um ás na manga – nossa experiência. Já conhecemos essa criatura. Já sentimos zanzando dentro de nós esse leão de poderosas possibilidades. Nossa essência não é uma ideia abstrata como uma pintura do Paraíso. Ao contrário, é algo que já conhecemos. Todos nós já experimentamos nossa essência e estamos familiarizados com alguns de seus atributos. Podemos desejar conhecê-la melhor, mas certamente estamos familiarizados. Enquanto contemplamos nossa essência, somos tomados por um significativo reconhecimento.

Pois, em verdade, nossa essência é o centro do nosso ser. Nosso mais verdadeiro eu foi descrito por um escritor como um poço de doçura, bondade, clareza, empatia, vontade, cordialidade, discernimento, inteligência, compromisso, contato, síntese, estabilidade, sutileza, refinamento, franqueza, curiosidade, felicidade, prazer, equilíbrio, coragem, justiça, desapego, precisão, objetividade, amplitude, expansividade, profundidade, capacidade, iniciativa, paixão, satisfação, contentamento, generosidade e identidade.[6]

Essas qualidades são impressionantes e as principais energias dentro do nosso ser.

Mas assim como acontece com uma obra de arte pichada, energias secundárias criadas por nossa personalidade muitas vezes nos subjugam. Energias como desespero, orgulho, julgamento, negatividade, ressentimento, raiva, medo, vaidade, ciúmes, depressão e ansiedade têm sua própria força sombria em nosso interior. Aprendemos muito bem essas coisas na infância. E desaprender lições da infância é muito mais difícil.

Mas essas energias permanecem secundárias para o nosso eu real. Para ele, nossa essência é primordial.

*

O dia é belo quando nos apegamos à nossa essência. O dia se torna um bom dia quando nossa essência, essa natureza essen-

---

6 A. H. Almaas.

cial, deixa uma impressão forte em nós, quando somos leais a ela. Esse é o mais fértil dos encontros, quando o ego encontra nossa essência. Com a mesma intensidade, embora de maneira prejudicial, ego e essência separaram-se no passado. Nosso ego, com seu jeito assustado, está sempre tentando achar o caminho de casa. Mas fica perdido.

*

E é desse jeito que nos desenroscamos das obsessões a que nos apegamos. Assim, nos identificamos menos com as emoções e nos sentimos mais conscientes das pessoas. Identificamo-nos menos com o corpo e mais com a consciência espiritual.

> *Hoje vou me lembrar que minha cor verdadeira não tem cor – uma não-cor que torna todas as outras mais brilhantes. Sendo incolor, posso receber todas as outras cores e ao mesmo tempo ser cada uma elas. Nenhuma cor em especial irá me reivindicar como sua.*
>
> *Mas também nenhuma cor será dispensada.*

*

5
Transcender o sofrimento

"Nossa felicidade tem raízes profundas e é real, enquanto nosso desespero é superficial e irreal, nascido da ilusão e da ignorância. Sofremos porque não percebemos que todos nós estamos bem."

D. E. Harding

Quando um pianista deixa o palco após sua apresentação, um fã corre em sua direção e diz do fundo de seu coração: "você tem tanta sorte de poder tocar piano dessa maneira!" "Sim", reponde o grande pianista, "sou um sortudo que pratica oito-horas-por-dia".

E aqui estou, em um outro lugar, outra época, correndo tentando encontrar alguém realmente iluminado. Estou tão maravilhado com sua serenidade, com a natureza de seu ser, que declaro, do fundo do meu coração: "que maravilhoso é ser tão iluminado, tão desperto, tão consciente!"

"Sim, tão maravilhoso quanto a transformação gerada pelo sofrimento", responde a pessoa iluminada.

*

Quando chega o sofrimento, temos uma opção que é tão simples quanto significativa: ressentir-nos ou aceitá-lo. Seja um sofrimento justificado ou não, é irrelevante. Você poderia ser um assassino em sua primeira noite na prisão ou um trabalhador do serviço social atropelado por um motorista bêbado. Em face disso, o primeiro seria culpado por sua delicada situação, mas não o segundo. No entanto, a questão continua a mesma: ressentir-se ou aceitar?

Se nos ressentimos da dor, quando tudo em nós está gritando por isso, andamos pela estrada esburacada da negatividade. Se aceitarmos, começa o milagre da transformação: a transformação pelo sofrimento.

O Oriente e o Ocidente tomaram caminhos opostos em relação a esse problema. E esses caminhos conduziram cada um deles a diferentes descobertas.

Os notáveis avanços tecnológicos do Ocidente nos últimos 600 anos foram resultado da busca pelo conhecimento intelectual, onde o sofrimento é considerado uma interrupção da vida.

Os notáveis avanços psicológicos do Ocidente nos últimos 2.500 anos foram o resultado de uma filosofia que busca transcender o sofrimento, algo que apenas existe, procurando seguir em frente a partir dessa percepção.

A tradição racional do Ocidente imagina que, com mais um avanço tecnológico, poderemos alterar a realidade. Já o Oriente diz que o javali-africano lhe dirá a hora em sete línguas diferentes antes que a realidade seja alterada.

O Ocidente diz que podemos mudar as coisas externamente – apenas observe os fabulosos avanços da medicina moderna! O Ocidente insiste que podemos apenas mudar as coisas interiores, por meio de diferentes atitudes internas.

*

Dentro de uma sala trancada, um homem está algemado à parede.

Ele é um refém. Capturado em meio a um jogo que não era seu, ele é impotente e inocente. Disseram que vai morrer, a menos que o governo negocie. Mas há poucas esperanças. Todos os outros reféns morreram. Quando ele pensa sobre o passado, ele se deixa tomar pela autocomiseração. Quando pensa no futuro, criando desfechos tão prazerosos quanto horrendos, é torturado por suas alucinações sem sentido.

Então a porta se abre e a mão do jovem carcereiro se estende em sua direção, oferecendo-lhe uma laranja. Ele se sente insultado e a empurra com raiva. O carcereiro insiste, mas o refém a recusa novamente. Como poderia ele aceitar um presente de alguém tão odioso! Como esse carcereiro poderia achar que ele aceitaria aquela situação, o confinamento, e ainda comeria a fruta, como se nada ali estivesse errado. Como poderia achar que tudo estaria bem?

Aceitar significaria ceder, render-se. Ele jamais aceitaria! Então o jovem coloca a laranja a seu lado e sai da sala. O refém chora. Não tem para onde ir, nem no passado, nem no futuro, nem no agora.

Passado um tempo, ele pega a laranja. Descasca a fruta e se permite comê-la. Está saborosa. Permite-se desfrutar o gosto e perceber a luz e a bondade dessa situação. Até agora, estivera negligenciando o fato de que estava bem.

*

Diz a lenda que a Terra é o planeta Ridículo ou Lunático. Muitos artistas, poetas e filósofos ecoaram esse pensamento, já estamos familiarizados com suas ideias. O que é a vida senão uma história sem significado, contada por um idiota? E quem são os deuses senão aqueles que torturam os outros para se divertir? Vivemos a vida sem a sensação de estarmos vivos. Vivemos o desespero do grito, aprisionados no terror de sermos humanos. Somos os sem-substância, os acabados e os sem-esperança. Somos os homens vazios, vivemos a queda breve do ventre ao túmulo e, então, não há mais nada. Tudo é vaidade e a Terra é o lunático asilo do universo.

Conhecemos essa força rude em nós mesmos. Esses escritores falam em nosso nome e talvez os melhores de nós gritem para o céu escuro sobre a chuva que cai das profundezas da noite. Talvez antes que possamos aceitar algo devêssemos gritar até que não pudéssemos mais.

*

A diferença entre a rejeição do sofrimento e sua aceitação é a confiança. Se, em algum lugar dentro da gente, existir um senso de confiança, um senso de bondade fundamental, então poderíamos experimentar a dor como uma espécie de mensageiro, até mesmo um anjo que não nos deseja mal, mas o nosso bem.

No entanto, se não formos capazes de achar tal confiança dentro de nós, então essa experiência será totalmente diferente. Há um abismo profundo entre confiar e não confiar. Viver de um lado é uma luta furiosa e triste. Viver do outro, o início da aceitação e da crescente percepção de que todas as coisas podem ser boas.

*

Imagine a alma esperançosa e destemida de quem acha que é possível ser feliz sob qualquer circunstância. A alma esperançosa e destemida de quem vê perfeição nas coisas do modo como elas são. Não haveria nela a ânsia de pensamentos sobre como as coisas costumavam ser boas. Também não haveria qualquer vaga ideia sobre como as coisas poderiam ser boas no futuro. Haveria apenas o presente, com todo o seu potencial.

Isso é possível? É possível que sua alma vivenciasse da mesma forma a escuridão e a luz? Se fosse possível, isso seria a melhor de todas as coisas. Existem vozes ecoando pelos continentes e os séculos afirmando que existe essa possibilidade.

Esse é o território além dos notáveis avanços do universo da medicina, o território além da cura e do agradável alívio da dor pela tecnologia moderna. Esse é também é o território que cada ser deve atravessar sozinho, para além do alcance dos amigos e da ciência, em direção ao âmago do que é ser humano e enfrentar o sofrimento injusto e involuntário – para assim transformá-lo em algo bom.

*

Sempre nos foi dito que a vida nos fratura, mas que algumas pessoas se tornam mais fortes justamente nos locais fraturados. Isso é verdade, mas também um mistério. O que é isso que nos torna mais fortes e a outros não?

Certamente, não há nada de transformador no sofrimento por si só. Nem há nenhuma beleza essencial na dor. Longe disso. Dor e sofrimento são o fruto da criação deslocada. Não comemoramos o sofrer, nem o convidamos voluntariamente.

A química da possibilidade, no entanto, está em como reagimos a ele. É aí que nos tornamos alquimistas, transformando lixo em ouro, da mesma forma que nosso sofrimento não examinado se revela a causa de muito do que é falso em nós. Assim, o sofrimento que aceitamos e transcendemos é parte de nossa jornada ao lar em direção àquilo que é verdadeiro em nós.

Mas tudo começa na bifurcação da estrada, com o ressentimento levando-nos por um caminho e a aceitação por outro. Vamos caminhar pelos dois, mas qual dos dois amaremos mais?

É óbvio que ambos não levam ao mesmo destino.

*

Não exalto uma forma de sofrimento mais do que outra. E também não acredito em uma escala de sofrimento em que apenas o placar mais alto deva ser levado a sério.

Sofrer é sofrer e não deveríamos fugir do nosso sofrimento apenas porque alguém está em pior condições do que nós.

Vamos ouvir um homem. Trata-se de uma pessoa deprimida, mas que provavelmente imagina que é virtuoso quando nos diz que não pode realmente reclamar de nada, dada a quantidade de pessoas sem-teto que existem no mundo. Que maravilhoso alguém pensar dessa maneira! Mas isso não é maravilhoso. Aqui temos uma pessoa fugindo da própria responsabilidade. Se não tem do que reclamar, porque está deprimido? Que raiva ele enterrou em si e por quê?

É improvável que ele esteja fazendo muito para resolver o problema dos sem-teto. É mais provável que esteja apenas evitando as implicações de sofrer sob seu próprio teto.

O único sofrimento que realmente podemos aliviar é o nosso próprio sofrimento. Esconder-se atrás do sofrimento alheio é fuga.

*

O único sofrimento sobre o qual posso fazer algo a respeito é o meu. A cada dia preciso escolher entre aceitação ou rejeição. Se não aceito conscientemente que a atitude de alguém me feriu, se simplesmente dou de ombros e digo "e quem se importa?", minha vingança será inconsciente e muito pior por causa disso.

Escute o antigo entusiasta dos esportes, hoje paralisado da cintura para baixo, após um acidente de alpinismo. Como ele se sente? Não tem sentimento algum quanto ao problema. Ele diz que crê em Deus: "se Deus Pai quis assim, quem sou eu para reclamar? O Pai sabe o que é melhor".

Era um homem com raiva demais, raiva que nunca chegou à

tona, mas que corroia seu interior como ácido, matando relacionamentos e felicidade.

Rejeitar o sofrimento, ou negar seus efeitos sobre nós, instala a escuridão em nosso interior e nos tranca em padrões internos de destruição. A aceitação do sofrimento traz luz para a escuridão de nosso tormento.

O tormento desaparece, porque, na verdade, não tem uma existência real.

As lágrimas secam porque não possuem eternidade alguma.

*

Buda, Sócrates e Jesus, de diferentes maneiras, todos escolheram a aceitação do sofrimento, e todos, por suas ações, transcenderam o assalto aleatório e injusto do sofrimento em suas vidas.

O que eram e o que representariam floresceu justamente de seus respectivos sofrimentos, que é por onde iniciamos este capítulo. A coroa de espinhos, fincada na fronte de Jesus, é tanto a realeza quanto a gritante agonia do sofrimento.

A dura questão não é aquela que sempre fazemos – "como pode haver um Deus com todo esse sofrimento?" –, mas, sim, "como pode haver um ser humano sem o sofrimento?" Não há um caminho claro da infância à consciência e que não absorva internamente essa escuridão que desmantela, essa visita transformadora de vidas que é o sofrimento. Nunca vamos nos acostumar com essas visitas. Sempre iremos sentir o terror renovado e certamente nunca vamos procurar pelo sofrimento.

Mas poderemos também ouvir aquelas palavras, "não temerás", quando o sofrimento chegar. Essas coisas são possíveis.

*

Estou parado sobre o chão congelado, sob o domínio do frio e do gelo. É inverno e o vento sopra forte, o frio gélido penetra em meus dedos, que doem. O solo é duro e está descoberto sob meus pés.

E ainda assim é aqui, durante os dias gélidos de neve e geada, que a Terra encontra seu descanso. O descanso é profundo e transformador, de onde a Terra vai emergir cheia de energia para florescer.

No coração de nossa experiência de vida é inverno e está frio. Não devemos temer o inverno. Ele é sempre uma bifurcação no caminho.

> *Hoje eu aceito que sou um dos que sofrem, pois de onde mais poderia ter vindo minha negatividade? E sendo assim, serei gentil comigo enquanto decido como reagir perante a dor e o transtorno.*
> *O mundo aguarda para ver qual o caminho e qual atitude escolherei.*
>
> *Lá pela hora do almoço, o mundo deverá ter algumas respostas.*

6
Descartar as ilusões

Alguém colocou em você
Essas correntes de escravo,
E o irreal vos trouxe.
Agora, continuo voltando a seu dono,
Dizendo,
"Esse aqui me pertence".
Não se preocupe. Não deixarei que a tristeza
Possua você.
Com muita alegria,
Tomarei emprestado
Todo o ouro que preciso
Para ter você de volta.

Hafiz

Não gostamos que nos digam o que fazer e podemos ter uma boa razão para isso. Quem pode saber os absurdos que nos disseram no passado? Naquele tempo, nós não tínhamos de obedecê-los, pois éramos vulneráveis demais para fazer outra coisa.

Mas e agora? Agora as coisas mudaram. E você está alerta quando alguém lhe diz o que fazer. Então, quando isso ocorrer e alguém disser "abandone as ilusões", o primeiro pensamento é quase sempre negativo. Quem é essa pessoa para me dizer isso? Ela nem me conhece! E começamos a fazer mentalmente uma lista de coisas que realizamos e a nos perguntar como poderíamos ter feito tudo isso se estivéssemos iludidos. Sabemos que algumas pessoas se iludem – o louco, o mau e o triste, mas não nós. Aqui onde chegamos, simplesmente não há nada a ser descartado.

*

É difícil aceitar que não há nada a se adquirir, mas muito a ser descartado. É difícil porque nossa mente deseja sempre adquirir mais. Adoramos aquisições. Cria um senso de estímulo e progresso. E se minha mente não está adquirindo, qual é o propósito?

Mesmo assim, a aquisição de conhecimento jamais muda as pessoas.
Ao passo que abandonar atitudes, sim, causa mudanças.
A obtenção do conhecimento não ameaça qualquer coisa falsa.
O abandono de atitudes ameaça tudo o que é falso.
A maioria de nós é alguém falso. Não é de estranhar que a gente dê preferência às aquisições.

*

Um líder religioso falava sobre as tentações e os perigos de dar às pessoas aquilo que elas querem ouvir, e ilustrou esse pensamento referindo-se às democracias mundiais: "as democracias correm o risco de que aqueles ávidos pelo poder bajulem o povo. Um adolescente que é incessantemente bajulado se torna alguém muito desagradável. O culto ao autoelogio aliado a uma compreensão sentimental de humanidade: essas coisas. quando se referem às nações mais poderosas do mundo. são horríveis".

As democracias ostentam um grande número de pessoas inseguras e vaidosas. E nós fazemos a mesma coisa enquanto indivíduos. Temos um grande número de pessoas inseguras e vaidosas dentro de nós, cada uma delas uma amante devotada da bajulação.

É difícil votar pelo fim das bajulações. É como votar pela extinção da medicina ou do nosso doce preferido. Inicialmente, achamos difícil agradecer quem tenta cortar nossos laços com o mundo dos sonhos e nos dizer para abandonarmos as ilusões, da mesma forma que ficamos ressentidos com a pessoa que limpa as nossas janelas, cujos primeiros movimentos com a flanela e o balde deixam a janela aparentemente mais suja do que antes. Mas o que estão fazendo? Isso está horrível!

Mas a exemplo de todos aqueles que revelam nossas ilusões, o limpador de vidros está apenas devolvendo a nossa verdadeira visão.

Quando acabar a limpeza, sentiremos a diferença. As janelas estavam sujas, mas agora, sim, estão limpas e melhores. Você não havia percebido que aparência negativa a janela suja dava à sua sala. Era como uma persiana adicional. Mas, e agora?

Agora a vista ficou incrível.

*

Primeiro, vamos abandonar nossas ilusões; mas ao fazer isso, precisamos nos controlar. Vamos tentar nos livrar da ilusão que você e eu determinamos como a natureza normal das coisas a nossa volta. Precisamos torná-las melhores. Vamos abandonar a ilusão de que estamos vivendo nossa vida, decidindo sua direção, controlando todos os assuntos.

Por que não estamos fazendo as coisas, elas estão sendo feitas para nós. E, em vez de vivermos a vida, é a vida que está nos vivendo.

Muito da nossa experiência está além do nosso controle. Não escolhemos nascer, por exemplo. Nem escolhemos o país em que nascemos e muito menos com que status social. Não escolhemos a era histórica, não escolhemos nossos pais. Não escolhemos nossa inteligência física, mental e emocional. Não escolhemos os primeiros anos de nossa vida nem nossas influências. Não escolhemos nosso corpo. Não escolhemos ficar bem ou doentes. Não escolhemos nossos filhos. Não escolhemos o aleatório nem escolhemos envelhecer. Não escolhemos perder nossas faculdades e também não escolhemos morrer.

São todas coisas sobre as quais não temos controle. Essas coisas acontecem para nós.

Alguns terão uma resposta. Alguns dirão que não escolhemos nossa mão de cartas. Mas escolhemos como jogar com elas.

Em minha experiência, no entanto, são as boas cartas que nos dão a vitória, as cartas ruins nos fazem perder a única escolha que temos: as de entender as cartas que temos na mão. Nós não amamos, não odiamos. Nós não desejamos e não decidimos.

Os eventos nos carregam como as ondas carregam o surfista. Se não entendermos isso, haverá apenas rigidez enquanto forçamos as coisas, enquanto as provamos e corrigimos, enquanto decidimos e as definimos, da maneira como nosso ego deseja e precisa. Mas se nós compreendermos isso e aceitarmos que a vida está fluindo debaixo e através de nós, sem convite e incontrolavelmente, então nós poderemos abrir espaço para ela e permitir que tenha um belo desfecho.

Uma vez compreendido, isso é um grande alívio, tanto para nós quanto para aqueles com quem nos relacionamos. Não iremos mais tentar modelar as circunstâncias de uma forma determinada, nem moldar as pessoas como queremos.

Não estamos no controle. Nem deveríamos desejar estar no controle.

*

Segundo, vamos abandonar a ilusão de que estamos conscientes e dispomos de livre arbítrio. Não estamos conscientes. No Ocidente, essa observação vai contra a natureza. A psicologia ocidental tende a tratar as pessoas como se estivessem conscientes e aptas a trabalharem por seus próprios problemas. A psicologia oriental, porém, considera que as pessoas estão adormecidas, sonhando que estão conscientes e dispõem de livre arbítrio.

A evidência que resulta da auto-observação nos faz concluir que o Oriente é mais convincente. Como poderíamos nos considerar conscientes quando gastamos tanto tempo revendo o passado não-existente, ou ponderando sobre o futuro também não-existente? Essas são obsessões do inconsciente. É uma história similar ao ato de julgar.

Não podemos julgar ao próximo e, ao mesmo tempo, estarmos presentes para nós mesmos, conscientes do momento.

Quando você julga os outros, você é a ferramenta inconsciente de forças que estão além de seu controle, as quais buscam separar você da unidade primordial de sua existência. Nenhum ser consciente poderia tomar parte de uma atitude cega e estúpida.

"Perdoai-lhes, Pai, pois eles não sabem o que fazem." Essas são as famosas palavras de Jesus na cruz, referindo-se àqueles que o pregaram ali. Ele via o engano na ação de seus oponentes e não os aplaudia. Mas essa visão não se transformou em uma emoção que julgava. Ao contrário, torna-se um reflexo das circunstâncias inerentes à ignorância deles e ao fato de não estarem despertos para o verdadeiro eu.

Ele pede que sejam perdoados porque estão adormecidos, sem qualquer noção do que fazem. Como podemos julgar as ações daqueles que estão inconscientes?

E, assim, Jesus recusou a chance de condenar, ao contrário do que faz boa parte da humanidade.

*

Outro sinal de inconsciência é nossa obsessão em relação à nossa autoimagem. Nós inventamos o nosso eu, o modo que imaginamos ser. Temos essa imagem de nós e todas as manhãs a assumimos novamente. É uma alucinação diária que distorce a verdade e que afasta nosso relacionamento com o próximo. Quem pode saber a que corresponde a própria autoimagem? Qualquer forma que ela assuma é só um ato de vaidade.

São Paulo considerava-se o maior entre todos os pecadores. Ele não suportava ser apenas o pecador mediano, um tipo nada especial de pecador, para sermos mais precisos. Ele tinha de ser o pior! Essas alucinações são diabólicas, pois paralisam nosso crescimento.

O consciente jamais poderia ter uma imagem de si mesmo. Seria o mesmo que engarrafar uma cachoeira.

Autoimagem é criação de nosso ego e não tem qualquer relação com a verdade. Se você acha que é cuidadoso, está errado. Se você se imagina moralista, também. Se acha que é tranquilo, está enganado. Se acha que é sábio, também. Se imaginar que é mau, está errado. Seja lá o que você imaginar: você está errado. Você está interpretando um papel e não sendo você mesmo. Você é um prisioneiro de uma contorção mental que provoca câimbras.

Você difere dos outros pelo que faz e deixa de fazer – não pelo que você é.

É óbvio que o seu verdadeiro eu nunca aparece em sua mente, pois ele não vive na mente. A sua vida acontece em outro lugar.

Somente quando estamos presentes em nosso verdadeiro eu, ou em nossa essência, é que estamos conscientes; só nesse momento despertamos e vivemos espontaneamente

*

Terceiro: vamos abandonar a ilusão de que somos unos, uma unidade e a permanência da vontade.

Imagine um navio na imensidão do oceano. O que é surpreendente é que, embora o navio tenha muitos tripulantes, não há um capitão. Podemos notar claramente o caos. As discussões explodem entre os marinheiros quando um deles assume o leme do navio, girando-o em uma direção, antes que outro o tire de sua mão e o gire na direção oposta. Como resultado, o navio avança sem direção pelo oceano.

E assim é a psique humana. Um caos de emoções, sentimentos e pensamentos, sem uma mão que a conduza.

Não é assim que nós nos imaginamos. Imaginamos ser um capitão experiente e competente no leme de nosso navio, com integridade de propósitos e consistência de visão. Mas isso é alucinação. Há apenas grumetes revezando-se no leme. E eles estão absolutamente fora de controle.

Nem tudo está perdido, desde que não concedamos nenhuma autoridade ao caos. Nossos pensamentos, emoções e desejos não são reais: tudo vem de lugar algum e volta para o mesmo lugar. Meus pensamentos ruins sobre qualquer pessoa são uma mão no leme e meus bons pensamentos, outra mão. A minha mágoa de ontem e a minha arrogância serão ainda outras mãos. Há milhares dessas personagens dentro de nós, e se você sente pena de si mesmo ou irritação com essa possibilidade, haverá mais duas delas arrancando o leme de suas mãos para um breve momento de liderança. Sendo que cada uma delas, por sua vez, está convencida de que está absolutamente certa; cada uma falando como se fosse o verdadeiro e definitivo capitão: "aqui é o capitão quem fala!", dizem.

No entanto, não vamos acreditar nisso. Não vamos lhes conferir qualquer autoridade. Levar essas personagens a sério só encoraja a demência adicional.

O "eu" não existe, apenas os muitos "eus". Meu autorrespeito se esfacela com essa revelação, o que talvez seja muito bom, pois esse autorrespeito é uma alucinação adicional. Não há capitão em meu navio, ninguém na direção. Muitos existem. Mas o "eu" não existe. Isso foi apenas uma ilusão.

E agora, afinal, eu existo.

*

O convite feito por este capítulo foi o de abandonarmos nossas ilusões. Elas nos esmagam como pesados grilhões, enquanto as carregamos, prisioneiros dos enganos. Agora elas cairão suavemente pelo chão, pois não têm substância e existência fora de nossa mente.

E, enquanto caem silenciosamente, não há raiva em nós, pois estamos verdadeiramente gratos a elas. Por que é por meio da verdade discernida que a verdade é revelada. Você não pode enxergar além do mundo até que você tenha olhado através dele. Como dizem os budistas: "se não houvesse ilusão, não haveria iluminação".

As ilusões tornaram-se nosso guia para fora da floresta.

*

Se quisermos viver além do que a vida nos tornou, esse abandono é o começo, o meio e o fim. Precisamos abandonar para que possamos receber. Para aceitar o novo, primeiro temos de nos livrar do velho – e o velho é tudo aquilo que achávamos que sabíamos.

Essa troca, contudo, é valiosa, porque desistimos de uma crença limitada e menor – uma organização distorcida de conhecimento, negligenciada pelo ego – para recebermos algo mais espaçoso, gracioso e cheio de esperança. Não é um novo sistema de crença em que entraremos, pois todos os sistemas de crença são redundantes. Em vez disso, entraremos em uma experiência de realidade vívida, acurada e aberta, uma clara visão ostentando visões eternas. Estaremos como o alpinista no topo do Monte Everest – sem precisar realmente escalar até esse topo.

Embora se você tivesse uma chance dessas, claro, como você seria afortunado!

*

Chega! Fomos comprados do lote de escravos pelo irreal. Mas agora nossa carta de alforria foi paga em ouro – e estamos livres.

> *Hoje, enquanto abandono a ilusão de controle sobre meu próprio destino, sou lembrado de um leito de rio seco, vítima indefesa de uma impiedosa e longa seca, ressuscitado pelas chuvas. Naquele mesmo leito de rio árido, a água agora flui abundantemente, criando vida a sua volta.*
>
> *Mas não pergunte ao leito do rio como isso aconteceu.*
>
> *Apenas aconteceu.*

7
Preparar-se para a verdade

Não busque a verdade – apenas derrame suas opiniões.

Mestre zen japonês

O conhecimento é transmitido facilmente, porque se trata de uma sequência de palavras, seja uma complexa teoria científica, seja uma curiosidade gravada em um palito de sorvete. Nos dois casos, é apenas uma sequência de palavras transmitindo conhecimento.

Qualquer pessoa pode transmitir conhecimento.
 Ninguém, no entanto, pode transmitir compreensão.
 Pois, ao contrário da transmissão de conhecimento, a compreensão não é uma sequência de palavras.
 A compreensão precisa vir de nosso próprio esforço e experiência.
 É como se texturas deformadas dentro de nós fossem sendo gradualmente desatadas.
 Entender isso é entender a lenta criação de espaços para todas as coisas.

*

A casa por dentro era uma pilha de sujeira e imundície, mas o proprietário ganhou lindas cortinas douradas, feitas da mais fina seda, que ele aceitou. Colocou-as na janela da sala da frente, para que todos as vissem. Eram cortinas que se destacavam – e os comentários na rua, à medida que as pessoas olhavam para a grande janela, eram de que por dentro tudo havia mudado também. O proprietário mudara tudo!

Mas não era bem assim. Nada mais havia mudado. A casa continuava um depósito de lixo, ainda estava imunda e tomada pelos vermes. O proprietário não mexera um só dedo para limpá-la. E com essas maravilhosas cortinas, ele nem precisava se preocupar com isso. As cortinas douradas expostas já eram uma mudança e tanto!

Mas como a casa não mudou, as cortinas acabaram estragando-se. A imundície enrugou o tecido, que apodreceu; a poeira instalou-se camada por camada, tirando seu brilho. Enquanto isso, os insetos tratavam as cortinas como o seu novo brinquedinho, rasgando os fios.

Não demorou muito até que as cortinas se igualassem ao restante da casa. E com o tempo, o proprietário começou a ressentir-se das cortinas douradas. Ele tivera tantas esperanças, mas, na verdade, elas não haviam feito nenhuma diferença.

*

Se não estamos prontos para receber grandes verdades em nossas vidas, vamos apenas desperdiçá-las à medida que se incorporam à nossa surrada paisagem interna. Todo produto colocado nas prateleiras, não importa sua qualidade ao chegar, tornar-se-á irremediavelmente sujo e inutilizável.

Nesse estado, as verdades se esgotam e perdem a cor. Não

conseguimos compreendê-las, então as reduzimos a algo que somos capazes de entender – conhecimento, informação, regras e regulamentos.

*

Como pode então a verdade me alcançar? O que sou parece estar bloqueando o que eu poderia ser. Posso estar procurando a verdade, mas vejo que ela me é negada pela mesma pessoa que a vida me tornou.

Confúcio um dia se tornaria um filósofo famoso e um mestre da moral. Mas quando era jovem, procurou Lao Tse buscando sabedoria. Lao Tse não tinha muito a lhe dizer, pois não há muito a se dizer, mas o que ele falou foi: "dispa-se de suas metas orgulhosas e dos numerosos desejos, da sua conduta complacente e do excesso de ambições. Essas coisas não lhe farão bem algum. Isso é tudo que tenho para lhe dizer".

E com isso, Confúcio foi enviado de volta a seu caminho.

A procura da verdade não é um caso intelectual. Implica o desmantelamento das próprias atitudes.

Para receber a verdade, eu preciso, acima de tudo, criar algo novo em mim, um espaço nunca antes desenvolvido. Preciso criar um espaço no meio ou um lugar que fique entre: que esteja entre minha impressionante essência e minha personalidade claustrofóbica. Um lugar onde eu possa tirar meu casaco e simplesmente experimentar o meu eu profundo. Um lugar para escutar-me, livre da agenda tirânica do dia-a-dia. Um lugar onde eu possa começar a confiar em minha experiência como algo além do ego manipulador. Um lugar onde possa me preparar para escutar a verdade e talvez reconhecê-la quando a escutar. Que lugar incrível poderia ser, se pudesse criá-lo: um santuário interno, uma espaço cristalino dentro de mim.

A busca da verdade está toda na preparação.

*

Quando se trata da verdade, temos tendência a procurá-la nos lugares errados. Procuramos em discursos inspirados, música sublime, grandes edifícios, palavras mágicas, beleza estonteante e flashes ofuscantes. Procuramos a verdade em novas experiências, viagens, hobbies recém-adquiridos, no espaço exterior, em ideias interessantes e até na jardinagem.

São coisas muito boas, às vezes são ótimas, levando-nos a momentos de puro êxtase, se permitirmos. Mas são principalmente lugares errados para procurarmos a verdade. À sua maneira, são cortinas douradas, vulneráveis ao que somos internamente. Admitimos que iremos reconhecer a verdade, mas não é assim que ocorre. Admitimos que estamos abertos à revelação, mas tampouco é assim que acontece. Precisamos admitir menos e nos prepararmos mais.

Imagine planejar e economizar durante anos para uma viagem ao Grande Cânion, só para chegar lá e não sentir nada. Você desesperadamente tenta sentir o que acha que deveria sentir – mas isso não acontece. Você apenas imaginava que o Grande Cânion fosse a coisa certa para você e os folhetos de propaganda encorajavam-lhe: "tenha a experiência da sua vida!"

Mas, por dentro, você não estava preparado. Alguma coisa os folhetos deixaram de mencionar. Em vez disso, você era barulhento, descuidado, distraído, estava em outro lugar. Não havia espaço para a experiência. E, assim, esperava que na hora que voltasse para casa, poderia falar da maravilha que é o Grande Cânion. Mas, na verdade, não aconteceu algo tão grande assim.

*

O momento da descoberta e da revelação – aquela que você esperava do Grande Cânion – foi chamado de o momento "grão de mostarda", um momento que requer duas experiências simultâneas: a experiência externa da coisa percebida, e a experiência interna pronta para apreciá-la. Esse é o porquê de duas pessoas olharem para a mesma paisagem e experimentarem reações opostas. Elas compartilham a mesma experiência externa, mas as suas experiências internas estão separadas por dois polos.

Vemos externamente o que está dentro de nós.

O grande momento, por essa razão, não é a visão da flor brotando na calçada, mas *minha experiência* da flor brotando na calçada. Andei um ano por aquela calçada e só agora a notei, mas, de repente, eu experimentei seu crescimento como algo surpreendente, promissor e apropriado para mim, aqui e agora. O momento mostarda é uma colisão estática de duas experiências, a interna e a externa.

*

O como percebemos as impressões é algo significativo. Impressões são formadoras de opinião de considerável influência, pois determinam muito das ações e atitudes. A maneira como são recebidas e formadas é crucial.

Em geral, as pessoas não questionam suas impressões. A maioria pressupõe que são verdadeiras, da mesma forma que pressupõe que o verão vem depois da primavera. Estão corretos em apenas uma dessas suposições, no entanto.

Um exterior agradável pode muito bem conviver com um interior duvidoso e vice-versa.

A maioria de nossas impressões sobre pessoas e eventos é uma reação caduca de nossa personalidade, com suas regras fixas e aleatórias. Nossa personalidade pode apenas viver no passado. Não tem relação com o presente, o que significa que a espontaneidade da resposta está bem além dele. Por essa razão, nossas impressões não vêm imaculadas, mas chegam por um intermediário, a nossa personalidade, que há muito tempo moldou a nossa mente.

Isso não teria importância, a não ser que tudo o que decidimos estivesse errado.

Confiamos em nossa personalidade para receber nossas impressões, o que é um erro. É como confiar que o encanador ou o pedreiro irá devolver limpos os panos que pediu emprestado para fazer seu serviço. As coisas irão piorar ao longo do processo. O pano que você receberá de volta não estará igual.

Jesus disse: "buscai a verdade e ela vos libertará". Infelizmente, sua personalidade não lhe entregará a verdade, de forma que a liberdade não é uma opção.

*

Aos olhos de uma criança, nada está predeterminado ou rígido, nada é uma ameaça. Ao contrário, tudo é novo, tudo está aberto, tudo é uma possibilidade. Não é surpresa que sempre sejamos estimulados a nos tornarmos crianças de novo, pois todo o desenvolvimento psicológico e espiritual tem raízes em nossa habilidade de encarar as coisas, de escutá-las e vê-las de um modo novo, fazendo conexões saudáveis.

Espiritualidade é a arte de fazer conexões e quando as fazemos, há um claro sinal de que nosso verdadeiro ser está submergindo.

Já nossa personalidade não fará conexões saudáveis. Nossa personalidade é a mesma de ontem. Mas não somos nossa personalidade.

Para aqueles que escapam da personalidade, o tempo para de existir. Algumas pessoas estão mais vivas aos 80 anos do que aos 15 anos, porque o espírito, uma vez livre da personalidade, não envelhece. É eternamente jovem. O corpo pode estar longe de ser jovem, mas o espírito não. O corpo pode estar preso, mas o espírito é livre. Nesse estado, tornamo-nos a criança de hoje, cada vez mais, e, de novo, recebemos novas impressões a cada dia.

Pão fresco é bem melhor do que pão velho.

*

É maravilhoso sair em busca da verdade e seguir sua trilha, não importa o que aconteça. Em nossa jornada, vamos nos confrontar inicialmente com nossa consciência adquirida – essa miscelânea estranha de ideias, caprichos e fixações reunidas inconscientemente, incluindo várias figuras autoritárias de nosso passado. Como se fosse a última camada a se formar, será a primeira a resistir quando escolhermos a liberdade. Será bem rápida ao dizer-nos o que podemos e não podemos fazer. Mas não vamos dar a ela muito oxigênio.

É como uma professora de história desacreditada a quem não escutamos mais.

Quando nascemos, éramos um quadro-negro limpo, cheio de possibilidades. É possível que não levemos a sério o nosso mistério.

*

O velho cuidara da Velha Loja de Curiosidades ("Old Curiosity Shop") por muitos anos. Ele era uma espécie de zelador. Ao longo dos anos, observara as pessoas, fascinadas, enquanto admiravam coleções de tesouros de todas as épocas e lugares. Tocavam as peças como se tivessem tido a permissão de entrar em um mistério fascinante, para além de sua imaginação. Imaginem as histórias que cada uma delas tinha para contar! Adultos ganhavam intrigantes olhos infantis. E quando acabavam de observá-las, faziam a mesma pergunta ao velho: "em sua opinião, qual é a peça mais misteriosa da loja?"

E ele então respondia: "você e eu".

*

No coração do mistério repousa a sua essência, maravilhosa e selvagem, intocada pela selvageria da vida, indestrutível a seus ataques. Permanece como era no princípio, perfeita e sem qualquer cicatriz, no centro da alma.

Sua alma, a aventura de sua essência. É por meio da alma que sua essência se engaja na vida. É também por meio da alma que você erra o caminho. Uma alma perdida é aquela que perdeu o contato com sua essência e se torna prisioneira de estruturas defensivas da personalidade.

Não podemos jamais perder nossa essência: é resistente e eterna. Mas podemos perdê-la de vista. Ela pode ser ofuscada por nossas obsessões, seja qual forma assumam.

E, então, a exemplo dos visitantes da Velha Loja de Curiosidades, começamos a imaginar que o verdadeiro mistério não está em nós, mas nas coisas externas, para além de nós.

*

Mas a verdade nos encontra, quando permitimos.

Não precisamos nos esforçar. O esforço não funciona.

Tampouco nós conseguimos nos livrar do ego apenas empurrando-o para o lado com raiva e frustração. Como disse a novelista: "nossos erros não são curados pela vontade, mas pela atenção".[7]

É por meio da simples atenção dada ao nosso ego que o vencemos e assim podemos riscá-lo das possibilidades. Ele irá desvanecer por causa da falta de oportunidades.

Então, não deveremos nos esforçar em busca da verdade, pois não há necessidade. Claro, já foi dito que é melhor não nos esforçarmos por nada, pois esforço está relacionado a metas. Mas aqui não existem metas, pois você já é perfeito.

---

[7] Iris Murdock.

O esforço é uma ferramenta do ego para lhe manter ocupado e desesperado, enquanto você perde de vista o sentido exato das coisas. Em vez disso, a procura pela verdade é um assunto tranquilo, não expansivo. Não é nem uma busca, nem um assunto – é um desvendar. Trata-se da exposição destemida e simples de um erro, o impiedoso desvendar de um motivo. Dessa exposição surge um novo espaço dentro de nós, no qual podemos receber novas impressões.

Começamos a perceber coisas. Começamos a perceber como ferimos pessoas. Começamos a nos tornar conscientes de nossas intermináveis autojustificativas. Ficamos atentos à mesma vida revivida novamente.

E quando recusamos desviar nossos olhos, que essência nos tornamos! Somos o mais valente dos valentes e os mais honrados, pois a sólida recusa a mentirmos para nós mesmos ou a nos enganar talvez seja a mais nobre das atitudes humanas.

*

A paciência é uma virtude de que precisamos, já que a chegada da verdade é morosa como o avanço de um elefante pela selva. A verdade não pode vir rapidamente. E quando estamos prontos para recebê-la, somos às vezes quase um morto-vivo. Assim é. Aprendemos e crescemos lentamente.

Quantas vezes as pessoas dizem coisas como "eu iria rir na sua cara se você tivesse me dito isso há dois anos. Agora eu vejo claramente, mas naquele tempo! De jeito nenhum".

Reconhecemos a verdade, não porque de repente é verdade, mas porque finalmente estamos prontos para recebê-la.

*

Na segunda-feira, o homem me disse que a grama é geralmente verde. Eu disse que isso era ridículo e discuti com ele.

Na terça-feira, o homem me disse que a grama geralmente é verde. Eu respondi que às vezes eu via que a grama estava verde, mas não como ele sugeria.

Na quarta-feira, o homem me disse que a grama geralmente é verde. Embora não consiga me lembrar direito, acredito que tenha concordado com ele .

Na quinta feira, eu disse ao rapaz que a grama geralmente é verde. Ele disse que isso era ridículo e discutiu comigo. Eu não podia acreditar em sua ignorância.

Nós todos recebemos apenas aquilo que estamos prontos para receber.

*

É realmente incrível estarmos preparados para errar, estarmos abertos para a nossa própria incompletude, mas tudo isso prepara o caminho para a verdade.

Uma mulher que passara recentemente por um transtorno emocional disse que havia encontrado o Diabo em suas visões e o reconhecera, pois ele tinha olhos sem qualquer esperança. Ela disse: "sabe, pecado não é fumar ou beber demais. Mas, sim, algo que cresce em você e lhe faz pensar que está certo".

Plantas cultivadas em solo irregular e sem preparo não florescerão.

A nova verdade não vai florescer entre erros disfarçados de virtudes. Preparar o caminho para a verdade nunca gera tempo desperdiçado – na verdade, é o único tempo essencial, sem o qual todo o tempo é desperdiçado. E, então, com a limpeza realizada, aguardamos e vigiamos, pois logo, como se um bulbo da primavera fosse plantado, somos recompensados com os ramos frescos da indagação da vida.

Isso não tem nada a ver com estarmos certos. Estar certo é uma incumbência do ego e não uma preocupação de quem é livre. Eis aqui a energia renovada para a existência, dentro de nós estão experiências internas nas quais podemos confiar, porque não foram manipuladas por nós. E nem imaginadas para poderem existir.

> *Hoje estou ocupado com panos, balde e desinfetante, limpando e abrindo espaço em meu hall de entrada. Não é uma situação de pânico. Mas a verdade disse que virá a qualquer momento, então preciso abrir espaço. Aparentemente, ela tentou antes e encontrou a porta fechada. Não me recordo, honestamente – talvez eu tivesse saído. Ela veio, empurrou a porta, sentiu sua resistência e se foi.*

> *Não hoje. Hoje será diferente, quando e da maneira que ela vier.*

8
Cessar a separação

Cada nome do qual a verdade se origina é um nome anterior à Torre de Babel. Mas é preciso que ele circule na torre.

Alan Badiou

Estamos vendo uma cena horrível. Uma criança está apavorada e frustrada, sua alma está em pânico. Com medo e em estado de choque, ela perdeu contato com sua essência. Há uma perda de conexão. Em vez de sua alma procurar contato com a bondade de sua natureza essencial, identifica-se com sua personalidade em formação, liberando energia furiosa através de seu corpo. Ele se torna um demônio autocentrado, uma apavorante e ameaçadora angústia que grita "EU!"

Irracional, temerosa e desagradável, ele se sente furiosa e separada do mundo. Precisa ser obedecida, precisa que tudo seja feito do jeito que ela quer; sua vontade e desejos são suas únicas boas causas. Tudo o mais precisa se curvar, quebrar ou morrer.

Estamos vendo uma criança se tornar um terror.

Logo a angústia a deixa, claro, e a criança se tornam doce e feliz novamente. Está contente com as circunstâncias – talvez um abraço a tenha envolvido, palavras gentis pronunciadas ou um brinquedo colocado em suas mãos. Ela volta à sua essência pacífica, arraigando-se de novo em sua beleza.

Uma vez mais, ela se torna um ser aberto, sedutor e absorvente, purificado da dispersão e unificado com o mundo.

Até que o medo ataque novamente.

*

Podemos ver como é fácil para a alma entrar em pânico e perder a conexão com sua essência. Quando as mãos protetoras da vida nos deixam escorregar, em pânico nos preparamos para nos render a qualquer coisa que pareça nos ajudar. Toda vez que isso acontecer na vida de uma criança, todas as vezes que as mãos protetoras da vida falharem, vai ser mais difícil para ela voltar a ter confiança, até que um dia ela não consiga mais.

Um dia, ela simplesmente não voltará para casa e vai se tornar uma criança desaparecida de sua real natureza, de sua essência. Um dia, ela não vai mais confiar a si mesma à bondade aparentemente inútil. Um dia, ela se identificará tanto com sua personalidade que jamais retornará, e com o tempo esquecerá que já foi outra pessoa. Agora ela está separada do mundo. E como as coisas mudaram! Quando era bem pequenina, sua consciência continha o mundo. Não havia qualquer coisa no mundo que não fosse dela. Não havia qualquer pessoa separada de seu ser ou que não fosse sua amiga. Agora os papéis se inverteram e o mundo a contém. Um muro foi construído em sua consciência e ele a protegerá. Todos estão separados dela.

*

Imagine que estamos próximos de uma corrente natural, que flui formando bolhas na superfície. Você então pergunta: "o que vocês são?" Com alguma indignação, a maioria responde: "ora, somos bolhas!", e seguem ofendidas e arrogantes. Mas há outras bolhas que não ficaram tão indignadas assim e você se atreve a repetir a pergunta. "E vocês, o que são?"

A resposta é : "somos corrente".

Um sentido de distinção – sem senso de diferença – é a atitude mais prática a se adotar.

*

Nosso compromisso com nossos direitos e o reconhecimento de nossos erros são testes decisivos para o distanciamento. Nosso eu distanciado, ou separado, é um indivíduo melindroso, fácil de se ofender. "Eles sabem com quem estão falando?", o eu distanciado pergunta. Todo mundo possui um eu distanciado.

Todo desdém contra a sua pessoa será lembrado e vivenciado com um gostinho especial. Isso pode ter acontecido 12 anos atrás, por exemplo, mas continua fresco até hoje, de um modo meio caduco. A vaidade é de tirar o fôlego. E o senso de distanciamento é trágico.

*

Um dos problemas é nosso corpo físico.

Não há nada de errado com o corpo físico – longe disso. O corpo físico é um milagre maravilhoso de equilíbrio, um organismo de complexidade encantadora, de potencial, resistência e cura. Mas não é quem somos. Não somos nosso corpo. Nosso corpo meramente hospeda nosso espírito nesse momento.

Quando o bebê olha para o mundo, ele não vê seu corpo como o limite de si mesmo. A consciência do bebê não conhece limites, espalhando-se por todos os lugares, como um banho transbordante. O infante identifica-se com o mundo com a totalidade de todas as coisas e nada menos. O que é mais natural?

Aqui está a unidade de todas as coisas mencionada pelos místicos, através dos séculos: real no início da vida.

A criança tem necessidades, mas acredita que serão preenchidas, pois o mundo e ela são um só. Quem pode ser meu inimigo se todos no mundo já estão em mim?

Mas quando o senso de abandono se estabelece, quando mudamos da essência para a personalidade, quando optamos pela irrealidade e pela ilusão, as fronteiras de nosso corpo físico começam a adquirir um outro significado. Como se fosse uma cerca colocada em volta de um pouco de grama, essas fronteiras parecem definir algo. A grama torna-se um "campo" e você se torna seu corpo. Mas, no final das contas, nem o campo, nem seu corpo são verdadeiros. As cercas vão apodrecer e o seu corpo também. Mas, por enquanto, eles parecem convincentes.

A grama é um campo. E seu corpo é você.

Essa identificação é fácil de entender. O seu eu corporal é o que você veste e cuida, aquele que espia as vitrines enquanto você passeia. É a sua vitrine em uma festa, é a sua marca pessoal quando caminha. É o corpo que você usa para competir com outros de várias maneiras. Está sempre com você, todos os dias, apoiando-lhe em público. É o recurso diário pelo qual as pessoas lhe julgam. Requer muita atenção, certamente, mas também pode dar a você muito prazer. Está nas fotografias, quando as pessoas dizem: "aí está você!"

Não é surpresa que nos identifiquemos com ele e comecemos a imaginar que seja nosso eu delimitado.

E, mesmo assim, meu corpo tem pouca coisa a ver comigo. Cuido dele porque vivo nele. Corro todas as manhãs para exercitar meu coração e suar minha raiva. Mas meu corpo não é quem eu sou. Pois o meu verdadeiro eu é um espaço líquido – desapegado, unido, puro, transbordante, infinito. Bem diferente da maneira como eu mesmo me conhecia, antes que a experiência explorasse a minha vulnerabilidade e sugerisse outras opções.

Confundir seu corpo físico com o seu eu é uma receita para a desgraça. Pois, embora nosso corpo seja um milagre, ele envelhece e falha. É um milagre frágil, que enfraquece e é vulnerável. Aliar-se a seu corpo é tão prudente quanto subir em um ônibus a caminho do precipício. Nosso corpo físico não é o futuro, portanto, não pode ser também nosso presente. Não é o que somos. Vivemos com ele da melhor forma possível e isso é mais fácil para uns do que para outros. Mas nunca imaginamos que ele possa nos definir ou nos conter.

*

Uma vez que nos tornamos pessoas delimitadas, o que era uno torna-se disperso e quando a ilusão é lançada, espalha-se rapidamente. A insanidade duplica-se, multiplica-se e replica-se de todas as maneiras e em diferentes níveis. Somos separados em gêneros, cores, classes sociais e rivalidades esportivas. Somos separados por preferências sexuais, idade, cultura, geografia, religião e escolha política. Somos distanciados um dos outros, como aqueles da Torre de Babel, estranhos para a verdade.

Gostamos de nossas tribos, da negatividade permitida e do modo como tudo isso danifica a unidade de todas as coisas. Gostamos dele como é: algumas pessoas dentro, outras fora. De outra forma, como poderíamos julgar os outros?

Egos separados são os reis das classificações e as rainhas da divisão. É a única maneira de organizar, ordenar e racionalizar as coisas. Algumas versões desse jogo podem ser inofensivas. Se a professora do pré-primário diz aos meninos para permanecerem no raso, e às meninas, na areia, não há dano algum. Mas no final das contas, essas crianças não formam dois grupos, são um só grupo.

No mundo adulto, a separação tem repercussões mais sérias.

O mal tem apenas uma causa, que não é Satã, a educação ou os genes. Trata-se da separação do eu, a alma vendo-se como uma entidade discreta, segura do seu sentido central e um reino próprio com fronteiras próprias.

Se você não perceber que você e eu somos unos, não haverá limite para o terror e para a dor que você libertará contra mim, quando sentir as mãos da vida deixando-lhe escapar.

Você se torna o terror da autocentralização, uma angústia ameaçadora gritando "eu!"

Irracional, temeroso e manipulador, você é distanciado do mundo, fica furioso. Precisa que lhe obedeçam e ter tudo do seu jeito – sua vontade e desejos são as únicas boas causas. O resto tem de se curvar, ser esmagado ou morrer.

*

A personalidade precisa ser sempre o centro de seu universo. É insegura demais em seus modos fixos e rígidos, para ser qualquer outra coisa ou estar em outro lugar. Desse lugar, pode fingir compaixão, mas não pode jamais *ser compassiva*. Pode fazer coisas compassivas, mas elas precisam ser atos deliberados, conscientemente realizados e aplaudidos pelo ego.

Porém, se vivermos de nossa essência, o universo em si se tornará o centro e nós nos tornaremos parte disso. Nesse lugar, identificar-se com o próximo é algo natural e consciente. Sentimo-nos unos com os outros. E isso é a real compaixão.

Nesse momento, a compaixão não é algo que fazemos para sermos gentis – é nosso modo de ser.

Foi por isso que os grandes líderes religiosos não tentaram mudar a sociedade. Não eram reformadores sociais. Em vez disso, buscaram reformar a química da condição humana. Preocuparam-se menos em realizar programas sociais e mais em tornar as pessoas sociáveis – capazes de pensar, sentir e atuar como pessoas saudáveis, no lar de seu verdadeiro eu e unos com o mundo.

*

Uma vez que tenhamos regressado ao lar, cessamos de segregar o próximo e passamos a desconfiar de rótulos.

Vemos, por exemplo, que não existem pessoas fortes ou fracas. Existem apenas pessoas, às vezes fracas, às vezes fortes. "Forte" e "fraco" não passam de rótulos e rótulos são indolentes. Alguém que se sente fraco e chora a meu lado em um dia, pode sentir-se forte no dia seguinte, em outra situação. Enquanto eu, forte para ela nessa ocasião, posso me sentir fraco em um outro dia. Então... Quem é fraco e quem é forte?

Forte no almoço, fraco na hora do jantar. É desse jeito que somos. Não somos pessoas fracas ou fortes, mas fortes "e" fracas.

Diferentes situações podem abater uma pessoa. Doenças físicas ou mentais, traumas emocionais ou penumbra espiritual; uma crise breve e ou uma dificuldade que se alonga. As pessoas se cansam e se estressam com o trabalho. Ou apenas se desvalorizam. Não vamos classificá-las de fracas. Pois além de suas fraquezas, todas possuem uma grande força. E, às vezes, é *por causa* das fraquezas que possuem grande força.

A fraqueza é uma parte do que são, mas não tudo o que são. Existem apenas pessoas. Algumas vezes carinhosas, em outras, carentes.

Sabemos como pessoas fracas podem ser. Sabemos dos efeitos do Alzheimer. Sabemos da fragilidade de um bebezinho. Conhecemos a devastação que significam o dano cerebral e a incapacidade física.

Mas assim que isolamos alguém e o declaramos como "fraco", negamos a possibilidade de mediar forças, e, desse modo, negamos a humanidade dessa pessoa.

A fraqueza pode subjugar. Mas é só uma parte de quem se é. Há pessoas que não se ajudam. Algumas exigem isolamento, outras insistirão em ser fortes o tempo todo, assumindo a responsabilidade de tomarem conta dos outros. Algumas outras ainda insistirão em ser fracas o tempo todo, em constante confusão e sempre precisando de ajuda.

Mas, como se costuma dizer, vamos "pegar leve" com toda a separação e os rótulos, pois não são atitudes espertas: fazemos muito mal às pessoas quando as isolamos de nós.

*

Estamos em uma praia e há um rei cercado por seus servos leais. É o rei Canute, gritando para as ondas, ordenando à maré para dar meia volta e recuar. Os servos aguardam com expectativa. As ondas realmente devem recuar quando o rei ordena? O Rei é o ungido de Deus, separado do resto!

Mas todos eles se desapontam. O propósito da insensatez de Canute era mostrar a seus servos que os reis são exatamente como eles, que as ondas não iriam obedecê-lo mais do que ao auxiliar de carregador, lá atrás.

Era uma ilusão difícil de interromper. O que se fala pelas ruas é que os reis são diferentes. Essa era a suposição comum a todos, enquanto as ondas avançavam, tocando os pés do trono, indiferentes ao fato de que este era o ungido de Deus. Canute atingiu seu propósito. E atrás do trono, enquanto a água fria se infiltra pelas sandálias dos servos leais, a chocante mensagem alcança toda a comunidade. O rei não era diferente.

A natureza não reconhece a diferenciação criada pelos homens, pois ela não existe. Toda categoria almejada, toda diferença feita e toda exclusão praticada é um passo que nos afasta da verdade. Construímos deliberadamente cuidadosos castelos de areia com a exclusão e a distinção. Mas a única realidade é o mar da unidade. Só os ignorantes acreditam que seus tronos e castelos sobreviverão à maré noturna.

*

Imagine uma figura de sal suspensa sobre o maravilhoso oceano. A figura enlouquece aos poucos com o fato de estar separada do oceano, mas ainda assim se agarra a ela. "Quem sou eu, quem sou eu?", insiste em perguntar, incapaz de responder, pois não possui compreensão além de si mesma. E, assim, algo ou alguém dentro dela insiste na questão: "quem sou eu, quem sou eu?", quando então percebe que está descendo em direção à água. Logo entra em pânico, pois significa que vai morrer. A água vai absorvê-la. Não será mais a famosa figura de sal com sua característica, sua aparência e poses. Grita quando os pés afundam nas profundezas do mar. Já pode sentir os pés dissolvendo-se, e, gradualmente, o mesmo acontecendo com o resto de seu corpo. Está perdendo suas linhas adoráveis! Agora nunca saberá quem foi!

E mesmo assim, enquanto seus últimos pedaços se derretem absorvidos pelo oceano, uma repentina sensação de paz a invade, a sensação de tornar-se parte de algo que até agora escolhera ignorar. Quando afinal se une totalmente ao oceano, diz suas últimas palavras: "afinal, sei quem eu sou".

É como falou um escritor do século XVII: "você nunca aproveita o mundo integralmente, até que o mar tenha fluído por suas veias, até que você esteja coberto com o paraíso, e coroado com as estrelas".[8]

Nosso imaginado distanciamento da criação desvanece e experimentamos a verdade de que "o verdadeiro ser dos seres humanos é um ser não separado".

---
8 Thomas Traherne.

Hoje eu me derramo para fora do meu corpo, porque sou o mundo e meu corpo é muito pequeno para contê-lo. Você também poderia pedir a um dedal para conter um oceano.

9
Conhecer a própria alma

Arte é alguma coisa que, embora seja produzida por mãos humanas, não é criada por essas mãos, mas se eleva de uma profunda fonte de nossas almas.

Van Gogh

Você viajou a noite inteira, chegando quando ainda está escuro, muito cansando para notar qualquer coisa. Agora, enquanto acorda, não tem ideia do que esperar. Você ouviu muitas opiniões diferentes sobre a cidade, algumas falando bem, outras nem tanto. Mas você queria ver por si próprio e formar sua opinião.

Gradualmente, à medida que os sonhos vão sumindo, você começa a ter consciência de onde está. Ajeita-se na imensa cama do hotel, enquanto as cortinas do quarto no 12º andar filtram a luz da manhã. É hora de ver as coisas por você mesmo. Então, caminha até a janela, com seus olhos sonados, contentes com a luz difusa da manhã. A cortina é grossa, mas você a abre de uma só vez. De repente, uma luz inacreditável invade o quarto, uma luz que você nunca viu igual! Seus olhos são ofuscados pelo brilho, mas querem ver a paisagem, enquanto sua face sente o calor dos raios de sol.

Seu quarto é invadido pela luz da manhã. A sua frente há uma cidade aquecida: uma cidade ardente. Não é possível ver tudo de uma só vez – é um mundo em si –, mas a arquitetura, as paisagens e os odores – você nunca viu nem sentiu nada parecido.

Você atravessou essa cidade dirigindo na noite passada, mas na escuridão não viu coisa alguma, tampouco seu cansaço lhe permitiu ver. Agora, no entanto, é diferente. Agora é como se visse essa cidade pela primeira vez, já não pode esperar para explorá-la.

É um prazer tornar-se íntimo com sua alma. Nossa alma é a matéria da qual é feita a nossa vida, matéria e textura da qual nossa vida emerge e se compõe. Quando reagimos a um comentário, refletimos sobre uma situação, decidimos ultrapassar o carro da frente ou pintamos um girassol em um quadro, nossa alma é o centro operacional – o local de onde se elevam esses atos.

Nossa alma é tudo – mediando nossa personalidade e essência, além de ser parte das duas. Precisamos conhecer nossa alma como a virtuosa violoncelista conhece seu *cello*. A violoncelista conhece cada milímetro das possibilidades de seu instrumento, cada vulnerabilidade de sua estrutura, cada nuance de seu som, cada ressonância de seu corpo e todo o prazer que pode ser obtido por meio dele.

Ela ama e conhece o instrumento com o qual trabalha – e é assim que a música se revela a partir de seu interior.

*

É difícil exagerar na ênfase da alma. Ela é tanto nossa janela para a realidade quanto nossa experiência de realidade. A alma contém todos os nossos eventos interiores – visuais, teóricos, emocionais e viscerais – tornando-nos conscientes para eles e criando as nossas respostas. Ela recebe o evento, interpreta-o e responde a ele.

Nossa alma é nossa experiência inteira. Nossa alma *é* o nosso mundo. Se você tem uma alma grande, seu mundo é grande. Se ela é pequena, você tem um mundo pequeno. É possível ter uma alma maior do que este planeta, e também ter uma alma pouco maior do que uma ervilha. Nenhuma alma humana é igual à outra, pois cada uma reflete as intenções e disposições de seu portador.

A natureza da alma depende daquilo que é plantado. Assim como uma flor plantada em um solo bom floresce, o mesmo acontece com nossa alma enraizada em nossa essência. Uma alma enraizada na personalidade, no entanto, será uma criação raquítica e com dificuldades.

A liberação da alma é como um solvente para o rigor e a estabilidade, nos quais nossa personalidade insegura insiste em se ater. A liberação da alma é a conspiração tenra e profunda contra nossa essência.

Nossa alma não é concedida em série, como se fosse um mesmo modelo para todos. É uma criação com infinitas variações de forma e natureza, que começa com um desejo em sua mente e pode se tornar qualquer coisa. A aventura da alma não acaba em sua mente, mas é aí que começa, com o desejo de explorar e uma vontade a ser revelada.

Se a ideia de revelação se transformar em desejo, e se o desejo se transformar em vontade, é nesse momento que terá início a jornada da alma.

*

Pode ser que você não se sinta muito estimulado para essa busca. De fato, poderia até haver um pouco de embaraço de sua parte. Conversar sobre a alma no shopping, em frente à escola ou no clube geralmente é bastante inoportuno.

Além disso, as pessoas materialistas não podem acreditar em sua existência. Muitos acham que é uma invenção da religião, outros a veem como uma explicação pouco científica. O ser humano simplesmente absorve impressões e expele comportamentos. Qual o lugar para a alma nesse processo?

Os religiosos tendem a domesticar a alma, imaginando que seja um lugar levemente precioso dentro de nós, projetado para conter nossos sentimentos espirituais.

A alma é apresentada como um porto durante a tempestade da vida. É um lugar de descanso para o peregrino cansado.

No entanto, não vamos seguir nenhum desses caminhos aqui. Em vez disso, quando usarmos a palavra alma, usaremos um fluxo de conhecimento, de poder e fluidez. Com força, energia, uma vida cheia de possibilidades, engajada ao nosso bem-estar físico e psicológico.

Na conversas do dia-a-dia, costumam dizer que "as pessoas têm almas". Trata-se de um comentário sobre a profundidade, a coragem e a compaixão de um ser humano. A linguagem popular está assim no caminho da verdade.

Mas é claro que toda pessoa tem alma. Não é um dom exclusivo de alguns felizardos.

*

O momento em que percebemos que não somos uma máquina é o momento em que paramos de ser unos.

Algumas pessoas falam do corpo humano como se fosse uma máquina e sob alguns aspectos, a alma é. Existem princípios claros sobre como funciona, necessidades específicas para manter todas as partes em ordem, funcionando como uma unidade. Mas o corpo humano não é uma máquina convencional.

É uma máquina que pode danificar-se a si própria, por exemplo. Não há uma célula em nosso corpo que não esteja relacionada ao nosso estado emocional.

Nosso corpo físico é parte de nosso subconsciente, as dores emocionais mantidas no corpo se tornam teimosas e aprisionadas, interrompendo o fluxo de vida através das células.

A medicina nem sempre pode ajudar pessoas que têm dores emocionais presas dentro de si. É também uma máquina habitada por um espírito. Quantas vezes vemos um casal idoso seguir o outro na morte, pouco tempo depois? Quando um se vai, o espírito enfraquece o par e a máquina para de trabalhar. A morte física não tem só a ver com o corpo físico.

*

A alma lentamente estimula o seu caso, convidando-nos a perceber tudo. Rumores da essência infiltram-se em nós, até que um dia saímos para o ar livre, olhamos para as nuvens movimentando-se pelo céu e ousamos declarar para o universo: "eu não sou uma máquina". Podemos ainda nem saber quem nós somos, mas isso não importa.

Pelo menos sabemos o que não somos. E esse é um momento muito importante.

*

Mas até esse momento, sem sombra de dúvida, existe a inevitabilidade da máquina. Estivemos adormecidos para nós mesmos e inconscientes, fomos máquinas com respostas programadas por nosso passado. A máquina humana nesse estado não pode lidar com a espontaneidade ou a com liberdade genuína. Nem pode crescer. Pode funcionar por anos em tarefas bem estabelecidas, realizar muitas coisas, às vezes sob grandes aplausos e admiração, mas não cresce.

As circunstâncias podem mudar, mas não a máquina humana. Desempenham suas funções conforme foram programadas, até atingir o grau de variedade de respostas permitidas pela programação.

A máquina humana não conhece seu programador, mas vivencia implacavelmente a sua vontade. A máquina humana aos 80 anos é a mesma que aos 30 anos, porém, é óbvio, há sempre um sério desgaste físico. A máquina vai funcionar enquanto a bateria durar e tão bem quando o ambiente permitir. Mas isso é tudo, o máximo que iremos conseguir. Melhor é impossível.

Então, um dia percebemos que não somos uma máquina. A mudança não é repentina, pois nossa formação foi lenta e gradual. Cada uma das etapas deve ser revista durante nossa jornada de volta ao lar.

Mas agora é outro mundo. Estamos aprendendo como não ser uma máquina, a enraizar nossa alma em nossa essência e escutá-la dizer coisas novas.

*

Um louco, no dia que receberia alta, conheceu a funerária do hospital. Ficou interessado em tudo o que faziam ali. No andar inferior, eles tinham um departamento de manufatura de caixões. Deixaram-no sozinho por algumas horas e ele decidiu experimentar um dos caixões. Fez três tentativas antes de encontrar um de seu tamanho. Quando encontrou, ele descobriu que um caixão é um bom lugar para ficar enquanto ainda estamos respirando. Cercado por todos os lados pelas paredes de madeira acolchoadas da morte, ele começou uma animada conversação sobre a vida. Ficou no caixão rindo, pensando em muitas coisas loucas que gostaria de fazer antes de morrer. Também pensou sobre arrependimentos que não gostaria de ter quando seu tempo na Terra se esgotasse.

Quando descobriram o paciente louco no caixão, o agente funerário, chocado, ligou para o hospital, para que viessem buscá-lo imediatamente. "Ele enlouqueceu", disse aos enfermeiros. "Está deitado em um caixão, rindo!"

O louco não enlouqueceu. De fato, ele chegou perto da sanidade, permitindo-se ser educado pela morte, deixando que ela guiasse sua vida. O gerente, no entanto, não podia entender e, balançando a cabeça, horrorizado com a morbidez do lunático, chamou o hospital, onde pacientes chocados e enlutados aguardavam. Ninguém nunca veria essas pessoas dando gargalhadas dentro de caixões! Deus os proíbe! Eles veem a morte de um modo mais sério.

*

Muitas vezes, a morte é chocante precisamente porque não fomos loucos o suficiente na vida para permitir que o caixão falasse. As pessoas vivem negando a morte, porque considera-se que a morte não tem nada a falar – nada alegre a dizer. Então, quando a morte chegar, é um choque, um pesar e muita confusão, há a pressa repentina de se encontrar um significado.

Mas pouca coisa boa emerge desse ciclo de negação e pressa.

O caixão nos educa para a vida – não para a morte.

Esse é o território da alma. Mas nossa personalidade não pode lidar com esses fatos, prefere ignorá-los. Acontece que esses fatos são como comida e bebida para nossa alma.

*

Eis a história de dois homens em uma segunda-feira pela manhã.

Um dos homens sai de seu apartamento pequeno para caminhar pela rua movimentada, em direção ao trabalho. Poderia pegar um ônibus, mas ele sai 20 minutos mais cedo, para ir caminhando em uma manhã como aquela, além de assim economizar o dinheiro da passagem. Vivera nesse apartamento desde o fim de seu casamento e descobrira que antes era difícil chegar ao trabalho, por causa de seu problema de pulmão. Mas agora, que ele estava trabalhando como faxineiro de uma casa de repouso dirigida pelo Serviço Social, sentia-se feliz ali. Começava cedo e acabava cedo também, com exceção das quintas-feiras, quando havia o bingo depois do almoço. Ele queria escrever um livro chamado *A vida depois de tudo*, mas um editor lhe disse que não haveria chance de publicá-lo porque não seria vendável. Até poderia ser um bom tema, mas quem se interessaria? Ele aceitou, mas ficou triste por isso.

Nessa manhã, porém, enquanto caminhava, ele podia ver matizes de vermelho no céu, sentir o frio e o perfume do início de outono. Era algo mágico.

*

Exatamente à mesma hora e no mesmo dia, o outro homem, ocupando o cargo de presidente, beijava sua esposa no rosto e saía do amplo apartamento para a academia de ginástica presidencial, onde iria se exercitar por meia hora, antes de ir para o escritório. Hoje receberia líderes do mundo todo, em uma reunião para possibilitar o equilíbrio da economia do Ocidente. Hoje ele estava contente, pois estava bem nas pesquisas e seu poder, imbatível. A dois anos de sua aposentadoria, já tinha contrato para escrever um livro de memórias, pelo qual ganharia alguns milhões, incluindo ciclos de palestras programadas. Seu editor sabia que as pessoas comprariam o livro dele sem pensar, assim como compareceriam às palestras. Como ex-presidente, ele obviamente teria algo de significativo e substancial a dizer.

Mas esse presidente não poderia dizer nada sobre o tempo nessa manhã. Era apenas uma segunda-feira.

Um desses homens era humano; o outro, uma máquina. Um vivia do espaço interno; o outro, de seu caminho de programações. O mundo ia gastar dinheiro para escutar a máquina. E não pagaria nada para ouvir o ser humano.

*

A alma pode se identificar com o condicionamento da personalidade e do corpo físico. Ela pode assumir que está aprisionada e isolada, da mesma maneira que um pássaro livre se imaginaria dentro de uma gaiola.

Mas há outro jeito. À medida que paramos de nos identificar com nossos condicionamentos, paramos de imaginar essa gaiola e nos libertamos. Percebemos que nossa alma é essa entidade sempre em mudança, fluida em forma, condição e tamanho. Às vezes, nossa alma sai de suas margens, escapa e se espalha para além de nosso corpo físico. Em outras, é algo enrugado, apertado e consideravelmente menor do que nosso corpo físico, como se fosse um grão de pimenta dentro de uma enorme caçamba.

A natureza de nossa alma depende de seu relacionamento com nossa essência, onde estão nossas verdadeiras cores. Arraigada à beleza de nossa essência, a alma irá se sentir imensa, ao ponto de quase colocar seus braços ao redor do mundo, em manifestação de generosidade fluente. Arraigada em tal perfeição, a alma humana é substância sem fronteiras, uma cidade iluminada dando boas-vindas a todos.

Mas se uma emoção como o medo é capaz de distrair a alma de suas cores reais; se uma mensagem mental de perigo e horror é capaz de triunfar sobre a essência, então, a alma pode se encolher rapidamente e tornar-se uma embalagem apertada e restrita, com espaço para nada, a não ser odiar aquilo que a assusta.

Lembre-se da criança que se torna um terror. Logo que ela percebe que as mãos que a amparam falharam de algum modo, a sua alma entra em pânico. Encolhe-se de medo e isola-se em uma explosão de raiva apavorante e egoísta.

O senso comum não concorda que essa pessoa tenha uma alma. Olhe para o seu comportamento! Mas eles, sim, eles tem uma alma. E uma alma magnífica. Só que nesse momento, ela está nas mãos erradas.

*

Outro dos grandes momentos de nossa vida acontece quando descobrimos que somos nossa própria felicidade, pois ela não é uma emoção, nem uma reação, mas um espaço – um espaço dentro de nós. Se quisermos considerar a felicidade, nós devemos também considerar o espaço.

A verdadeira felicidade é um espaço dentro da gente, onde todas as experiências e sentimentos podem ser bem recebidos. Essa caverna interior pode receber e abrigar a energia crua de qualquer emoção que nossa personalidade despeja sobre nós, seja frustração, culpa, tristeza, ciúmes, arrogância ou raiva. A personalidade é uma torrente de energias variadas e em constante mutação. E, ainda assim, esse espaço interno nunca é alagado por emoções, pois é diferente delas, com sua própria identidade anterior.

O espaço é permanente, as emoções passageiras.

Vivenciamos o espaço. Não vivenciamos as emoções.

É importante que esse espaço possa receber todas as energias de uma maneira que não nos intimide. Algumas não são aceitas. Outras são rejeitadas. Ele nota, recebe e aceita tudo. Energias rejeitadas são perigosas para nossa felicidade, uma vez que tendem a se alojar internamente, bloqueando nosso ser, afetando todos os níveis de saúde.

Mas onde existe espaço na alma humana, todas as energias podem ser recebidas e reconhecidas. Uma vez que foram notadas e recebidas, qualquer que seja sua natureza, não nos causará doença alguma e poderá até nos trazer coisas boas. As energias negativas se dissiparão sem causar danos, enquanto as belas energias vão infiltrar-se em cada fibra de nosso ser.

Removida da enferrujada montanha-russa de nossa indulgência emocional, viveremos uma alegria espaçosa.

Todo o trabalho psicológico e espiritual sério será realizado na direção de se criar esse espaço dentro de nós, pois essa é a criação da felicidade.

*

Podemos apreciar nosso trabalho. Podemos gostar de escalar montanhas. Podemos gostar de nossos filhos. Apreciar peças e dramas amadores, comprar joias, fazer palavra-cruzada, navegar pela internet, sair de férias ou ser o primeiro-ministro. Podemos até mesmo apreciar nosso trabalho social de caridade. Mas essas atividades em si não constituem nossa felicidade. Nós somos a felicidade.

Fazer essa verdade voltar ao lar é uma difícil jornada. É compreensível que todos os dias lhe demos as costas e procuremos a felicidade fora de nós.

Existem aqueles que descobrem a raiz disso em uma criança mamando no peito de sua mãe. Ali, nos primeiros dias de sua formação, a criança já está aprendendo que todo verdadeiro alimento vem de uma fonte *externa*. Felicidade e segurança são buscadas no mundo externo. E essa simples inverdade não é bem aprendida jamais.

Trata-se de uma inverdade porque não existe um mundo lá fora, para além de nossa alma. Nossa alma recebe o mundo, interpreta-o e atua nesse mundo. Se não partirmos de nossa alma, de nosso interior, então começaremos a partir de uma ilusão, que vai nos oferecer apenas um contentamento esporádico e breve, um tedioso ciclo de prazer de um dia, seguido pela dor do dia seguinte.

É assim que funciona. O cão pula de alegria quando chega a hora da comida e cinco minuto depois se aborrece porque a refeição acabou. A mãe fica feliz quando seu filho demonstra afeição, e triste quando ele não se comporta como deveria. O vendedor de carpetes odeia os sábados de manhã por causa do grande movimento da loja; mas ama os sábados à noite, porque vai direto para o bar. Ele também odeia os domingos de manhã porque sua cabeça dói com a ressaca. Sentimo-nos tranquilos quando alguém está vivo e não sabemos o que fazer com o nosso pesar quando esse alguém morre.

A montanha-russa da dualidade diz que aquilo que dá prazer pode mais tarde trazer dor. E aceitamos isso como uma experiência humana normal. Chamamos isso de "rica trama da vida", embora geralmente ela não seja rica em absoluto. Assim, paramos de ter qualquer expectativa, imaginando que talvez mendigos não tenham escolha. Vamos pegar o que pudermos e isso está lá fora, é externo.

Só que a verdadeira felicidade é interior. É o espaço emergindo de nossa essência.

*

Lembro-me de uma mulher que se tornou amarga pela tristeza. Ela era emocional e fisicamente fria, vivia trancada em seu passado. Decidiu, então, participar de um exercício de visualização. No início, estava desconcertada e temerosa. Viu-se caminhando por sua imaginação, através de um longo túnel escuro, o que não lhe trazia alívio algum. Era um estado com o qual estava familiarizada.

Mas ela não estava familiarizada com o que sentiria a seguir. De repente, ela se viu em um lugar com um brilho imenso, colorido e aquecedor, vasto e vívido. Era bem diferente do túnel, que parecia interminável.

Ela nunca imaginara ter um espaço assim dentro de si. Estava lá o tempo todo, mas a possibilidade de ele existir nunca fora mencionada por ninguém.

Era só um vislumbre, por isso, ela várias vezes perdeu a visão desse espaço. Sua luta agora é a de se manter viva naquele lugar colorido, aquecido. E não no túnel gélido e implacável.

É uma luta que recomeça a cada dia.

*

Estar presente na alma implica nos conhecermos mais do que aos nossos pensamentos, sentimentos, imagens, humores e compreensão. No coração de nossa alma existe uma essência inimaginável. Além de nossas preocupações, metas e desejos, de toda a busca de correção ou satisfação do mundo externo, está o misterioso lugar interior, onde tudo é perfeito da forma que é.

A esteira mecânica permanece uma opção, se for esse o nosso desejo, mas não vamos fingir que ela nos leva a algum lugar. Só fica dando voltas e voltas ali mesmo. Às vezes, as pessoas dizem que querem descer da esteira, mas eis que algo acontece e elas desistem. Porém não pense que essa é a única opção.

*

Imagine que você é um mendigo sentado sobre uma caixa em plena calçada, como tem feito há anos. Está ganhando a vida com dificuldade, pedindo esmola aos transeuntes, com os braços estendidos. Você precisa deles para sobreviver, sempre precisou. Uma ou duas moedas, isso era tudo – e, então, você ficaria contente por muito tempo. Se dessem mais do que isso, ainda melhor.

Uma mulher de repente se aproxima e você lhe pede dinheiro. Mas ela se recusa e lhe diz para você olhar sua caixa. Você diz para ela cuidar da vida dela, pois você esteve sentado nessa caixa há anos. Diz muito obrigado e acrescenta que não precisa olhá-la por dentro.

Você então continua a pedir esmola para outros passantes. Certamente eles vão lhe dar uma esmola. Mas a mulher não deixará de lhe observar. Ela lhe repete para você olhar dentro da caixa onde está sentado, onde você *sempre* esteve sentado e que se tornou parte de você. Você sabe que é uma atitude sem sentido olhar dentro da caixa, mas não há ninguém passando e você então concorda, achando que assim ela irá embora e lhe deixará em paz.

Aquela caixa sempre esteve sob você, embora quem possa saber de onde veio? Você jamais a olhou por dentro, mas por que olharia? Isso é loucura! Como se pudesse haver algo de valioso ali! "Eu teria notado após todos esses anos!", pensa. Afinal, você dá atenção à mulher por falta de ideia melhor.

Abre a caixa e encontra sólidas barras de ouro. Seus dias de mendigo se acabaram.

*

Hoje contemplo o impressionante e vasto espaço deste aeroporto internacional. Observo os aviões chegando a cada dois minutos, dos mais variados lugares. Presto atenção nos muitos aviões que partem para países longínquos.

E estou pensando em minha alma.

Infinita. Recebendo. Enviando.

10
Não ter medo de nada

Ao dormires, não terás medo, repousarás, e o teu sono será tranquilo.

Livro dos Provérbios

Havia um monge que atormentava Buda sobre os pontos mais profundos da filosofia. Ele sentia que Buda tinha todas as respostas, e que, com mais conhecimento, tudo se revelaria. Claro que ele ainda não podia assumir nenhum compromisso. Mas quando soubesse tudo, aí sim, ele assumiria. E então começaria sua jornada.

Mas Buda rudemente lhe disse que ele estava agindo como um homem ferido na batalha e que recusava ser atendido, até que soubesse o nome completo e o endereço da pessoa que o havia ferido. Ele morreria antes de conseguir a inútil informação. "Não tema viver o aprendizado apenas porque ainda não sabes todas as respostas", disse ao monge.

Poderíamos ir até mais longe: não tema viver, ponto final. Pois não podemos "viver" com medo. Medo é uma ilusão e não pode haver vida na ilusão. Viver é permitir a revelação, e por meio dessa submissão, não haverá nada e ninguém que possa lhe machucar.

*

Neste livro, não estamos preocupados como o que você pode fazer para os outros, pois não há nada que você possa fazer para os outros – além de vencer seus próprios medos. Se você conseguisse vencer todos os seus medos, aí então você realmente poderia ajudar o próximo. Se você conseguisse vencer seus medos, você seria um fogo vivo de possibilidades, ao redor de quem outras pessoas se reuniriam atraídas pelo calor que você irradiaria.

Mas nós não embarcamos em uma jornada espiritual por outras pessoas. Se condições estabelecidas por outros são nosso principal interesse, há uma distorção do processo, que assegura à nossa jornada transformar-se em um exercício de erro e vaidade.

Os ludibriados querem poupar os outros do erro, porque eles próprios não ousam enfrentá-lo. Eles preferem o aplauso confortante do mundo admirando-os. São como os doentes, determinados a dividir sua enfermidade com todo mundo. Tudo que precisam transmitir é seu medo. Nós, no entanto, enfrentamos nosso medo não por outra razão a não ser pelo fato de que gostaríamos de ser livres e viver uma vida bela. Sem medo. Essa experiência é quase que insuportavelmente bela.

E Jesus disse: "buscai, pois, o seu Reino, e essas coisas vos serão dadas por acréscimo". Ele também disse que o Reino de Deus está dentro de nós.

*

O medo emerge de nossa mente escravizada. Ele não existe como uma entidade separada, lá fora, que arromba nossa porta da frente e força a entrada. Em vez disso, nós não apenas o criamos como lhe damos guarita. O medo é nossa própria criação, uma criação que se transforma em um monstro. Alimentando-o com experiências passadas de nossa vida, o medo eleva-se em nós como um oceano revoltoso, ameaçando-nos com suas imensas e sombrias ondas aguardando para estourar, esperando para esmagar e arrebentar, esperando para desabar e nos engolir.

Nossa vida é mutilada pelo corrosivo sentimento do medo. É muito difícil nos livrarmos dele. Onde todas as coisas são perfeitas, tornamo-nos suscetíveis a fantasias selvagens sobre a nossa própria destruição.

*

Expressamos medo de diferentes maneiras, pois vivemos situações diferentes.

É fato conhecido de alguém que se tornou tão bem-sucedido no mundo, conquistando fãs por toda parte, a ponto de se declarar "maior do que Jesus Cristo". É desse modo que expressam seu medo, pois o que eles temem é sua própria aniquilação. Uma maneira de lidar com o medo da morte é buscando falso consolo em alucinações sobre o próprio status.

Mas o medo da morte cria outras respostas. Veja a pessoa, por exemplo, que vive uma vida moralista para ter um conceito favorável junto às outras pessoas. Aí está uma pessoa igualmente temerosa. Ela também está motivada pelo medo de sua aniquilação, mas lida com isso de outra maneira.

Sem nenhuma resposta tranquilizadora sobre sua morte futura, ela, que agora é notado pelos outros, torna-se intoleravelmente importante. Ela precisa da aprovação de ter sido vista praticando o bem e fazendo a coisa certa, a título de massagem e de consolo para seu amor-próprio. Quando as pessoas exprimem sua admiração, ela fica alegre e lisonjeada. Quando a culpam, torna-se raivosa e entra em depressão.

E, então, as pessoas assim tomam a resolução de Ano Novo de fazer mais pelos outros; de se lembrarem de perguntar pela saúde de todos, para parecer que se importam; de correrem uma maratona para levantar fundos para a caridade, porém, mais importante do que tudo isso, para serem lembradas como alguém que sempre coloca os outros em primeiro lugar.

Na frente do buraco negro de sua existências, buscam a admiração e os aplausos dos outros para aliviar sua dor psíquica. Tire-lhes sua reputação e não sobra nada.

Não é de admirar que se distraiam com boas ações. Separados de sua essência, eles não confiam na existência. Na falta de uma aprovação interna, suplicam pela aprovação externa. Não confiam em sua perfeição interna. E preferem viver no único lugar alternativo em que confiam – o lugar do medo.

*

Jason tinha 15 meses e apreciava o quarto de bebê de seu berçário, onde fora uma criança feliz. Mas, recentemente, as coisas mudaram. A chegada de cinco novos bebês, todos mais novos do que ele, significaria que, de repente, todos os adultos estariam mais ocupados com as necessidades dos novatos e, assim, não poderiam mais embalá-lo, quando e na hora que ele quisesse. Isso era o fim do mundo para Jason e ele gritou um bocado, de absoluto desespero. Mas ele também achou uma solução, pois descobriu que se fosse para o quarto ao lado, as crianças mais velhas iriam dar-lhe muita atenção, e, além disso, sempre haveria o ombro de um adulto. Era isso que ia fazer, quando o impediram. Nesse momento, ele gritou ainda mais alto. Sua solução bastante inteligente fora frustrada por gente muito má.

Uma das professoras do berçário tentou tranquilizá-lo. Disse que estava ocupada com Gemma no momento, mas logo que ela se acomodasse, viria ter com Jason e leria sua história predileta, se ele quisesse. Mas ele não quis. Para ele, isso não era o suficiente. Queria ser abraçado agora, naquele exato momento, como sempre fora. E, então, gritou e gritou e gritou.

Como poderia ele saber o quão seguro e bem cuidado ele realmente era? Tudo dentro dele dizia algo diferente. Mas tudo dentro dele estava mentindo.

Assim como Jason, nós não confiamos na vida. E com muito medo, submetemos e forçamos todas as coisas às nossas próprias soluções.

*

Nada pode fazer mal à nossa essência. Ela é indestrutível, e, por isso, somos indestrutíveis. Podemos facilmente nos separar de nosso eu. Podemos nos tornar fracassados como os ratos de praia catando lixo após a maré cheia, nosso caminho de volta ao lar interrompido, inundado pela enchente das águas de fantasias medonhas.

Mas a maré vai vazar e também nossos medos, pois eles não têm substância. Não possuem uma existência eterna; são reações e um mero pânico na alma separada de suas raízes.

*

Às vezes, são as instituições sociais em que vivemos que criam o medo. Governos criam o medo da tortura. A hipoteca cria o medo do não-pagamento. As expectativas dos outros criam o medo do fracasso. Religiões criam o medo do julgamento e do inferno. Companhias criam o medo da redundância. Grupos, tribos, fiéis e gangues criam o medo da diferença. Revistas instauram o pavor da gordura. Vizinhos metidos criam medo de sermos criticados e comentados.

Instituições sociais não têm autoridades por si próprias. Autoridade é algo concedido, nossa decisão e a coragem de permanecermos sozinhos têm sido vistas como a marca de um herói. Nossos heróis lutam sem medo algum contra a maré, e recusam-se a se dobrar perante as convenções. Mas eles são poucos.

Sentimos que, se ofendermos a expectativa social, morremos.

Mas esse medo apenas nos mostra que já morremos há muito tempo.

Morremos para o nosso eu corajoso.

*

Tememos mortes, grandes e pequenas. Tememos a morte de sermos descobertos, de lentamente perdermos a razão, de perdermos a nossa grande chance. A morte de alguém amado. Tememos a morte do ônibus perdido. Tememos a morte vinda do julgamento de outras pessoas e a morte do vazio interior. Tememos a morte de uma entrevista mal sucedida. Tememos a morte da dor física. Tememos a morte de nos sentirmos abandonados e sem esperança, de nosso plano não funcionar e sermos rejeitados. Nós tememos a morte de uma relação em colapso. Tememos a morte de as coisas não serem mais o que costumavam ser, a morte causada pelo fracasso. Tememos a morte de nosso gato atropelado no meio da rua. A morte de tudo caindo aos pedaços. A morte do tempo passando, do tempo perdido e desperdiçado. Temos medo de vivenciar a nossa pessoa como ela realmente é, de nos tornarmos péssimos pais.

Tememos todas as coisas, em vez de viver todas essas coisas. Tememos todas as coisas, embora todas essas coisas sejam perfeitas.

Não há nada a temer – exceto continuarmos sendo quem somos.

*

Um homem corre por uma estrada calma do interior. São seis quilômetros percorridos antes do café da manhã e do dia de trabalho. De repente, saindo dos arbustos, há um frenesi. Um faisão entra em pânico com sua proximidade e guinchando, cruza a frente do corredor, passa a correr à sua frente, temendo estar sendo perseguido e caçado. Enlouquecido pelo medo, só vê a figura imensa correndo ameaçadoramente atrás dele.

Por cerca de 30 metros o corredor segue atrás do faisão, que escapa apavorado pela estrada antes de entrar em uma cerca viva e se acalmar. O corredor passa dando risada do estúpido faisão, tão apavorado por nada. O que tinha o faisão a temer? O homem não estava lhe ameaçando. O medo estava dentro da cabeça da criatura, uma ilusão.

Mas como pode um faisão não sentir medo, quando medo é tudo o que ele conhece?

Pode ser igualmente difícil para os seres humanos.

*

Não vamos imaginar que essa é uma guerra que se vence facilmente. Cada batalha contra o medo é uma batalha contra camadas de aprendizado que vêm desde a infância, pura arte da sobrevivência. A primeira parte do cérebro a se desenvolver depois do ventre materno é a que lida com o medo, a raiva e a satisfação. Quando estávamos mais vulneráveis, era o medo que nos alertava contra o perigo. Era o medo que nos encorajava a nos contorcer para podermos sobreviver.

Na história oculta de nosso passado, vivenciamos milhares de medos e compusemos milhares de esquemas em resposta a esses medos. Esses esquemas tornaram-se a nossa textura mais íntima.

O medo foi importante. Estamos vivos porque somos pessoas com medo.

Mas o medo que nos ajudava então não nos ajuda mais.

O medo é uma parte fundamental de nossa personalidade.

Mas ele não é uma energia para nosso desenvolvimento.

Sua essência não conhece qualquer medo, pois, diferentemente de nossa personalidade, não foi maculada pela vida. Permanece cheia de esperança, vibrante e intensamente forte.

*

E aqui repousa a verdade sob as reivindicações místicas de que tudo está bem no mundo e que tudo é exatamente do que jeito que deveria ser. Pois debaixo das dilacerantes distorções da vida está o mundo perfeito em cada alma humana, a mais verdadeira identidade de cada um de nós. Não há lugar algum para ir, porque você já está lá.

A Inglaterra do século XIV era dominada pela guerra, pela fome e pela praga. Não era um bom século para quem estava vivo naquela época. Mas depois de 20 anos refletindo sobre uma visão que teve, uma eremita inglesa daqueles tempos escreveu as seguintes palavras: "tudo está no seu lugar, tudo estará no seu lugar, tudo o que existe estará no seu lugar certo[9]."

O Reino dos Céus está dentro de nós, e tudo que há dentro é extremamente perfeito, e é por isso que, quando dormirmos, não teremos medo algum e nosso sono será doce e tranquilo.

> *Hoje, caminharei em segurança através do campo de batalha. Posso ser atingido – mas não ficarei ferido. A bala está ansiosa, mas eu estou em paz. De fato, eu a devolveria se me importasse com isso.*

---

[9] Juliana de Norwich.

REPRISE

Os negócios humanos apresentam altas como as do mar: aproveitadas, levam-nos as correntes da fortuna;
Mas, uma vez perdidas, a viagem da vida correrá Entre baixios e perigos.
Ora flutuamos na maré mais alta.
Urge, portanto, aproveitar o curso da corrente,
Ou perder nossas vantagens.

William Shakespeare[10]

Quando nadamos no mar gelado, é maravilhoso de repente sentir uma corrente aquecida envolvendo o corpo. Talvez você não tivesse percebido como estava frio, até que o calor lhe tocou. Você não tem certeza de onde vem e, de repente, ele se vai. Perdido tão rapidamente quanto foi encontrado. Sumindo nas profundezas, só o frio do mar permanece real. Está até mais frio agora, após a experiência com o calor.

---

10   *Júlio Cesar*, 4º Ato, Cena 3.

E, então, seu pé encontra novamente o calor, evasivo, mas ainda lá, podendo ser sentido e experimentado. Uma perna é tocada, e depois a outra. E você, aos poucos, começa a entender a natureza do calor no mar gelado. Sentindo sua origem e corrente, descobre que é capaz de se manter por mais tempo em seu poder.

Nossa essência é a corrente aquecida no mar frio. Nós realmente ficamos felizes se aprendemos a nos manter nesse lugar.

PENSAMENTOS FINAIS

Pensar que a vida não desenvolve as pessoas, que a experiência de vida não possibilita por si só o crescimento é um algo um tanto limitado.

Pense em uma semente. A semente é um organismo que se desenvolve por si só, mas que permanecerá semente por milhões de anos, a menos que as condições para seu desenvolvimento sejam ideais. A semente é cheia de potencial, mas não mudará um nada até que seja colocada no solo, e alimentada com nutrientes, ar e luz. A vida não desenvolve a semente. Ela poderia atravessar milhares de lugares diferentes e interessantes e não se desenvolver. Permaneceria um potencial sem vida.

E assim é com os seres humanos. A vida não nos aperfeiçoa se não levarmos o tipo certo de vida. A ideia de que estamos aprendendo, evoluindo, mudando e crescendo à medida que vivemos é um triste absurdo. O que algumas pessoas chamam de "experiência" é, mais precisamente, um cio de padrão não redentor, não são 20 anos de experiência, mas a experiência de um ano vivida 20 vezes. E existe uma linha tênue entre o cio e a cova. O ser humano não é um artigo mais bem acabado do que uma noz de carvalho. Para tornar-se um carvalho, a noz terá de ser plantada e enraizada em algo além de si mesma. Pode significar o fim daquela brilhante concha externa, mas isso já é definido como um estágio temporário. Como a noz, o ser humano é nada mais do que um começo com uma longa jornada a sua frente.

O que fazemos com essa jornada varia e muito. É de nossa competência desenvolver atitudes práticas na vida, para que determinemos a forma das coisas. É com essa atitude hábil que nos movemos neste livro. É claro que nem todos nós estamos no mesmo nível de aperfeiçoamento. Todos podem ter o mesmo valor, mas nem todos são igualmente conscientes. Alguns podem realizar uma grande parte da jornada. Outros, quase nada. Alguns aproveitarão a maré alta, outros perderão suas vantagens.

E é claro que aqui estamos falando da jornada interior, e de enxergarmos com o olho interno. Que testemunhe a enfermeira desagradável e o gentil livreiro. Rótulos nada significam no mundo real.

*

Dizer que todos os seres humanos estão no mesmo nível de desenvolvimento é o mesmo que dizer que todos os pianistas têm o mesmo nível, desde a criança de quatro anos martelando as notas com os dedinhos sujos de chocolate, até o maestro das salas de concerto, emocionalmente focado e com dedos de seda. Há excelência em música e há excelência na existência humana.

*

Não estamos todos no mesmo nível de desenvolvimento e a maioria são adultos apenas no número de anos fisicamente vividos. Podemos ter viajado o mundo todo, conduzido exércitos por campos de batalha, constituído uma família de 11 filhos e ter realizado grandes avanços na medicina, sem ter precisado, em nenhum momento, dar um passo fora de nossas personalidades falhas. Engajamo-nos com o mundo, não necessariamente com nós mesmos. Somos aqueles que procuraram pelo crescimento por meio da experiência, como a semente testando milhares de diferentes campos. Tanta experiência! Mas ainda sementes. Se acharmos que o crescimento pela experiência é automático, deveríamos começar a procurar peixes nas árvores.

E, ainda assim, a palavra de ordem nas ruas continuaria sendo a mesma.

Nas bibliotecas, estações de trem e lojas; nas mesquitas, igrejas, templos e sinagogas; nas aulas de ioga, hospitais e nos postos de serviço rodoviário; nas pousadas, bordéis, edifícios governamentais e cozinhas de restaurantes de todo o mundo, há pouca dúvida – não somos mais crianças, agora somos adultos e em um nível. Sabemos distinguir as coisas. Chegamos à maturidade!

A verdade dificilmente poderia ser outra. A verdade é que sabemos menos do que sabíamos na infância. Não chegamos à maturidade. Adquirimos muito, mas perdemos tudo. Somos uma casca da pessoa que éramos no início.

*

E, então, qual é a aparência de uma vida bela?

Não importa onde a tenhamos encontrado – sempre parecerá e será percebida da mesma maneira. Pode ser em um mecânico de carros, no importador de tulipas ou no banqueiro; pode ser em uma professora, barman ou artista. Seu papel é irrelevante. É o trabalho sob o trabalho que cria a vida bela, e suas características são sempre reconhecíveis, antes mesmo de uma palavra ser dita.

Encontrar uma vida bela é encontrar uma presença espaçosa e graciosa, aberta a todas as pessoas, disponível para todas as coisas, e, mesmo assim, presa a nada. Fluída em espírito, será tão feliz no território de outros quanto no próprio.

Eles saberão a verdade límpida – verdade que é a fruta fresca da curiosidade ousada e da clara visão.

Eles exibirão uma espontaneidade emocional presente nas circunstâncias, mas livre do desejo de controlar ou manipular.

Eles possuirão a vontade pura, fluindo facilmente de lugares interiores, um rio profundo e forte de orientação interior.

Estarão conscientes de seu propósito, lugar e função.

Viverão com o próprio ser, em vez de viver da opinião dos outros.

Viverão da confiança, em vez de viverem do medo.

E sua mão no coração será a mão sobre seu plexo solar.

A vida bela não terá agenda, mas a melhor presença possível para todos.

Não terão um lar em si, mas a ventura de revelar a criação, e nenhuma energia interna que não seja inspirada pela gratidão e pela curiosidade.

A vida bela irá se desapegar para que você possa receber, receber para que possa apreciar e amar para poder compreender.

Algumas pessoas riem porque podem ver e amam porque não podem fazer outra coisa.
São aqueles que mudaram da confusão para a identidade. Da ação para a presença, do isolamento para a comunhão e da exploração para a contemplação.

São, em resumo, uma semente lançada e alimentada em solo de sua própria perfeição.

*

Chegando neste ponto, ninguém pode lhe ensinar qualquer coisa sobre ser humano. Sua essência já sabe tudo que há para saber. Ela compreende e já "é", mais do que alguém possa explicar. Em seu potencial, você ultrapassa as palavras sábias de qualquer guru ou profeta. Essas pessoas podem surpreender, provocar ou indicar a direção de sua essência, mas nesse momento devem recuar e fechar os olhos – pois sua essência brilha mais do que eles.

*

Seremos pessoas práticas que fazem o que é necessário fazer na vida.

Eu limparei toaletes de uma empresa alegremente, pois essas coisas precisam ser feitas. Mas não me identificarei com a empresa, da mesma forma que não me identificarei com a caridade que eu faço, com o clube infanto-juvenil que eu ajudo, com o círculo familiar e de amizades que tenho, os sentimentos que experimento ou o deus que venero.

Há coisas que deveriam estar abaixo de tudo.

Vou apreciar – mas não vou nutrir ligações ou apegos.

*

Você está tomando um banho quente, entre vapor e espuma. Não há esforço nenhum, você apenas relaxa e aproveita.

E assim também acontece com as dez atitudes práticas descritas neste livro.

Tudo é trabalho, mas nem tudo é esforço e luta. Não há listas de checagem a serem feitas, caixas para conferir, falhas a serem punidas ou autorrecriminação a ser favorecida. Há apenas a ideia de que se prestarmos atenção ao familiar, poderá haver vida além de nossos modos habituais, e esse pensamento é que dá início à jornada – uma jornada que provavelmente iniciamos há muito tempo.

E a recompensa dessa jornada é ótima. Pois ver uma nova humanidade crescer dentro de você, a partir da antiga, já foi comparada à visão de uma espada sendo desembainhada. A bainha tem forma similar, mas a espada é algo a mais no conjunto. Mal podem ser comparadas.

*

E, então, retornamos onde começamos, com a figura do fogo. A mulher em seu sonho era uma figura incandescente, viva e queimando em meio ao brilho. Lentamente, no entanto, e contra sua vontade, uma crosta começou a crescer a sua volta, levando-a à inconsciência e deixando-a para morrer...

O tempo passou. A figura de fogo ficou enrolada na escuridão abafada, sufocada pela grossa crosta ao seu redor, sem saída. Em sua morte fria, ela se lembra debilmente daquilo que um dia foi, mas agora estava muito fraca para imaginar qualquer retorno.

A substância que agora a envolve não permite nada além de sua presença. E, mesmo assim, a mulher ousa se lembrar de algo que fora uma vez e com isso sente uma estranha mudança. Enquanto lembra, seus ossos frios geram pequenas chamas ao acaso, surpreendentemente dançando para a vida em seu corpo – luzinhas trêmulas no início, mas uma encorajando a outra, e, então, encorajando outra mais e outra mais.

A escuridão abafada, aliada da crosta, começa a ajudar o fogo e a conduzir calor e luz através da lava que a aprisiona.

E logo, fraturada pelo calor, aparece a primeira rachadura na crosta, e logo depois, outra e mais outra. A figura de fogo respira o novo ar, respondendo com uma nova chama ardendo. Roxa e vermelha, verde e azul, amarela e vermelha, a figura de fogo encontra novamente suas cores mais brilhantes e verdadeiras.

Em face de tamanho calor, a crosta de lava explode em pedacinhos e se desintegra. Esse foi um ótimo retorno ao lar.

> *Um dia qualquer Luz vai lhe abrir por inteiro,*
> *Mesmo que sua vida hoje seja uma cela.*
> *Pois uma semente divina, a coroa do destino,*
> *Está oculta e semeada em uma fértil planície ancestral,*
> *Da qual você é o proprietário.*
>
> Hafiz

Uma vida bela
foi impresso em São Paulo / SP, pela RR Donnelley para a
Larousse do Brasil, em março de 2009.